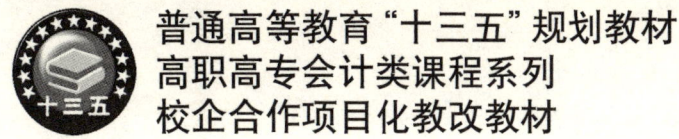

普通高等教育"十三五"规划教材
高职高专会计类课程系列
校企合作项目化教改教材

纳税会计实训

主　编／魏艳华　窦琳琳

副主编／刘艳华　亓翠兰

参　编／闫晓波　王秀兰

王　欢

U0780922

立信会计 出版社
LIXIN ACCOUNTING PUBLISHING HOUSE

图书在版编目(CIP)数据

纳税会计实训 / 魏艳华,窦琳琳主编. —上海:
立信会计出版社,2016.4
ISBN 978 - 7 - 5429 - 4946 - 2

Ⅰ.①纳… Ⅱ.①魏…①窦… Ⅲ.①税收会计—高等
职业教育—教材 Ⅳ.①F810.42

中国版本图书馆 CIP 数据核字(2016)第 080402 号

策划编辑　赵新民　赵志梅
责任编辑　陈　昕
封面设计　南房间

纳税会计实训

出版发行	立信会计出版社			
地　　址	上海市中山西路 2230 号	邮政编码	200235	
电　　话	(021)64411389	传　真	(021)64411325	
网　　址	www.lixinaph.com	电子邮箱	lxaph@sh163.net	
网上书店	www.shlx.net	电　话	(021)64411071	
经　　销	各地新华书店			
印　　刷	浙江省临安市曙光印务有限公司			
开　　本	787 毫米×1092 毫米		1/16	
印　　张	8.25			
字　　数	177 千字			
版　　次	2016 年 4 月第 1 版			
印　　次	2016 年 4 月第 1 次			
印　　数	1—3 100			
书　　号	ISBN 978 - 7 - 5429 - 4946 - 2/F			
定　　价	18.00 元			

如有印订差错,请与本社联系调换

前　　言

　　本实训教材与时俱进,在实训中融入财政部、国家税务总局《关于全面推开营业税改征增值税试点的通知》(财税〔2016〕36号)文件中《营业税改征增值税试点实施办法》《营业税改征增值税试点有关事项的规定》的内容;贯彻落实教育部《关于全面提高高等职业教育教学质量的若干意见》(教高〔2006〕16号)文件的精神,充分体现了"做中学,学中做"的高等职业教育教学理念,在满足纳税实务课程标准中有关能力目标需要的同时,突出培养学生的报税岗位基本技能、职业意识和职业习惯。

　　本实训教材利用大量仿真原始凭证,模拟纳税会计岗位,针对性和实用性较强,容易操作。学生通过实训练习,能够有效提高涉税业务处理能力。本实训教材由一个认知项目和六个实训项目构成,具体包括:纳税工作基本流程认知、一般纳税人增值税纳税实训、小规模纳税人增值税纳税实训、消费税纳税实训、企业所得税纳税实训、个人所得税纳税实训和其他税费纳税实训。其中,魏艳华编写"项目二一般纳税人增值税纳税实训";窦琳琳编写"项目七其他税费纳税实训";刘艳华编写"项目五企业所得税纳税实训";亓翠兰编写"项目一纳税工作基本流程认知";闫晓波编写"项目四消费税纳税实训";王秀兰编写"项目三小规模纳税人纳税实训";王欢编写"项目六个人所得税纳税实训"。

　　由于编者水平有限,实训教材中难免会有疏漏之处,恳请读者提出修改意见,以便修订时改进。

编　　者
2016年3月

目　　录

项目一 纳税工作基本流程认知

认知 1.1 税 务 登 记

税务登记是整个税收管理的首要环节,分为设立税务登记、变更税务登记、停业(复业)登记(适用于定期定额征收的个体工商户)和注销税务登记。

一、设立税务登记的基本流程

设立税务登记的基本流程如图 1-1 所示。

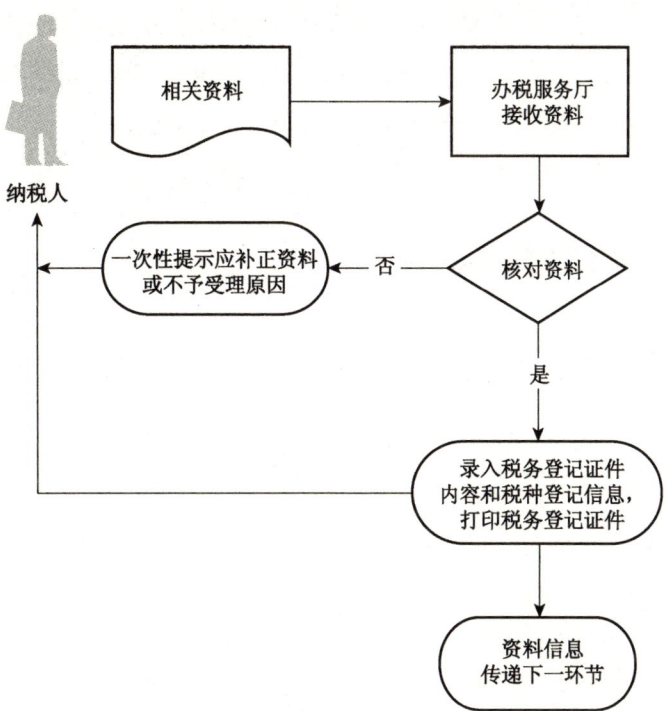

图 1-1 纳税登记的基本流程

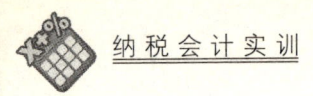

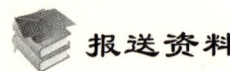 **报送资料**

(1)《税务登记表(适用单位纳税人)》(实行国家税务局、地方税务局联合办理税务登记证的,应提供2份)。

(2)工商营业执照或其他核准执业证件原件及复印件。

(3)组织机构代码证书副本原件及复印件。

(4)有关合同、章程、协议书复印件。

(5)法定代表人(负责人)居民身份证、护照或其他证明身份的合法证件原件及复印件。

(6)纳税人跨县(市)设立的分支机构办理税务登记时,还应提供总机构的税务登记证副本复印件。

(7)改组改制企业还应提供有关改组改制的相关文件原件及复印件。

(8)汽油、柴油消费税纳税人还应提供:生产企业基本情况表、生产装置及工艺路线的简要说明、企业生产的所有油品名称、产品标准及用途。

(9)外商投资企业还应提供商务部门批复设立证书原件及复印件。

(10)外国企业常驻代表机构还应提供:①注册地址及经营地址证明(产权证、租赁协议)原件及复印件;如为自有房产,应提供产权证或买卖契约等合法的产权证明原件及复印件;如为租赁的场所,应提供租赁协议原件及复印件,出租人为自然人的还应提供产权证明的原件及复印件。②首席代表的(负责人)护照或其他合法身份证件的原件及复印件。③外国企业设立代表机构的相关决议文件及在中华人民共和国境内设立的其他代表机构名单(包括名称、地址、联系方式、首席代表姓名等)。

二、变更税务登记的基本流程

(一) 涉及税务登记证件内容变化的变更登记流程

涉及税务登记证件内容变化的变更登记流程如图1-2所示。

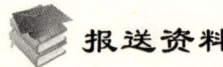 **报送资料**

(1)《变更税务登记表》。

(2)工商营业执照原件及复印件。

(3)纳税人变更登记内容的有关证明文件原件及复印件。

(4)税务登记证件。

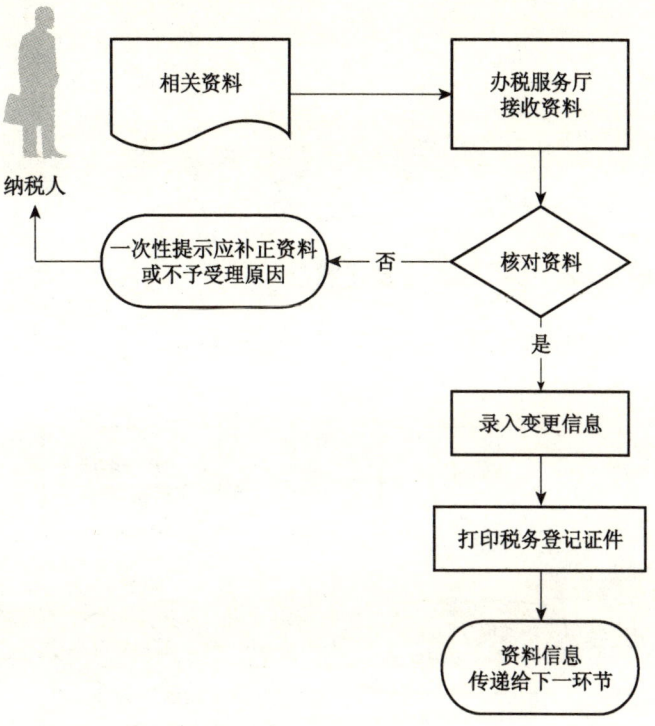

图 1-2　涉及税务登记证件内容变化的变更登记流程

(二) 不涉及税务登记证件内容变化的变更登记流程

不涉及税务登记证件内容变化的变更登记流程如图 1-3 所示。

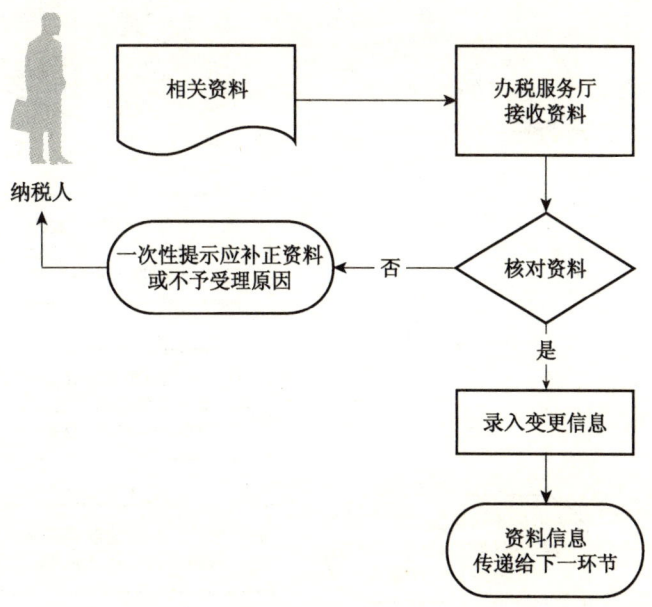

图 1-3　不涉及税务登记证件内容变化的变更登记流程

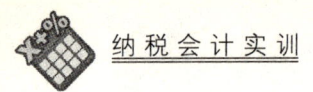

报送资料

(1)《变更税务登记表》。

(2) 纳税人变更登记内容的有关证明文件原件及复印件。

(三) 纳税人跨县(区)迁出的税务登记流程

纳税人跨县(区)迁出的税务登记流程如图 1-4 所示。

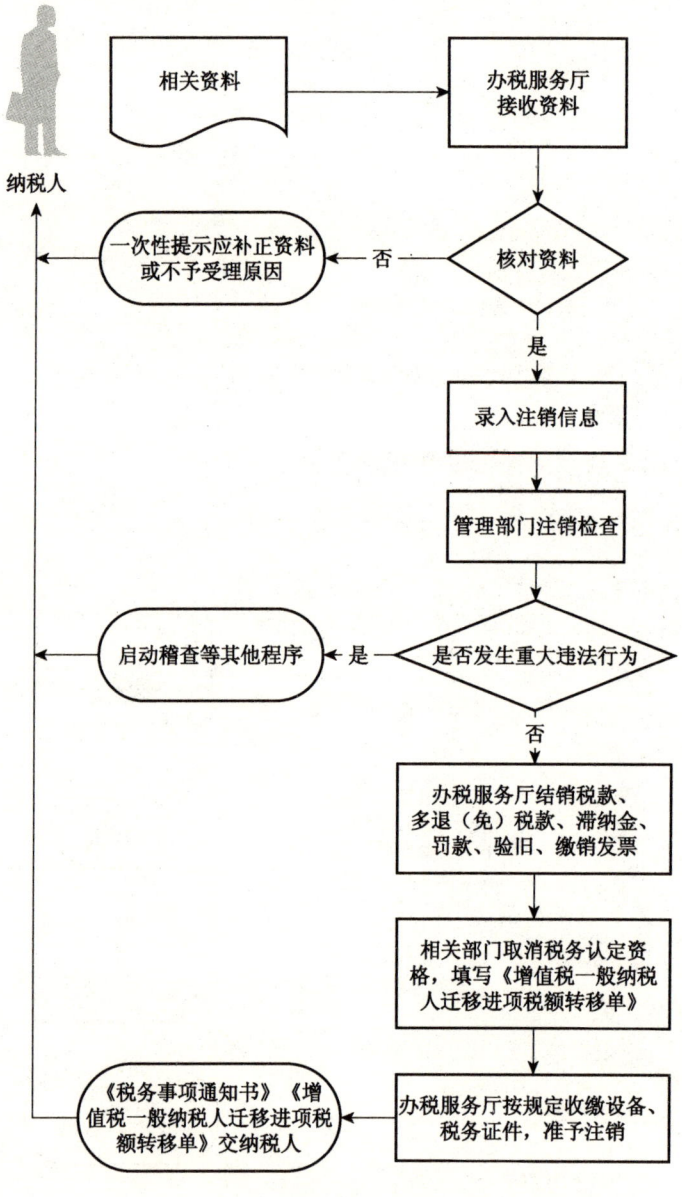

图 1-4　纳税人跨县(区)迁出的税务登记流程

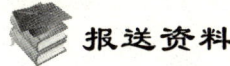 **报送资料**

(1)《注销税务登记申请审批表》。

(2) 税务登记证件。

(3)《发票领用簿》及未验旧和未使用发票。

(4) 住所、经营地点变动的相关证明资料原件及复印件。

(5) 使用增值税税控系统的增值税纳税人应提供金税盘、税控盘和报税盘，或者提供金税卡和 IC 卡。

(6) 其他按规定应收缴的设备。

(四) 纳税人跨县(区)迁入的税务登记流程

纳税人跨县(区)迁入的税务登记流程如图 1-5 所示。

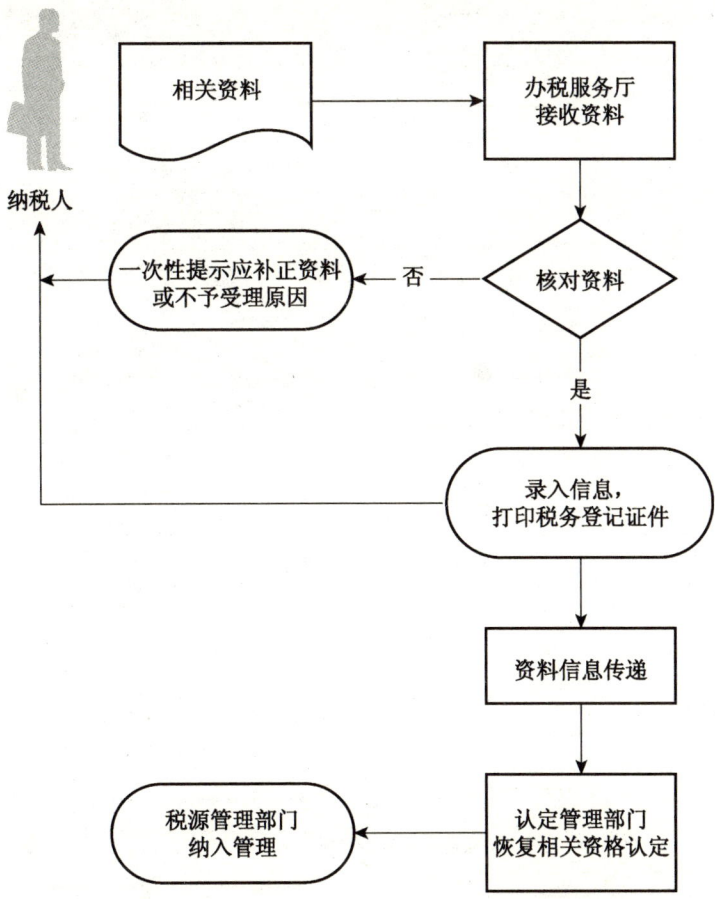

图 1-5　纳税人跨县(区)迁入的税务登记流程

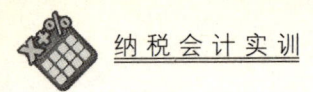

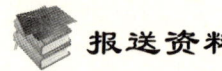报送资料

（1）迁出地税务机关出具的《税务事项通知书》。

（2）《增值税一般纳税人迁移进项税额转移单》（增值税一般纳税人提供）。

三、注销税务登记的基本流程

注销税务登记的基本流程如图1-6所示。

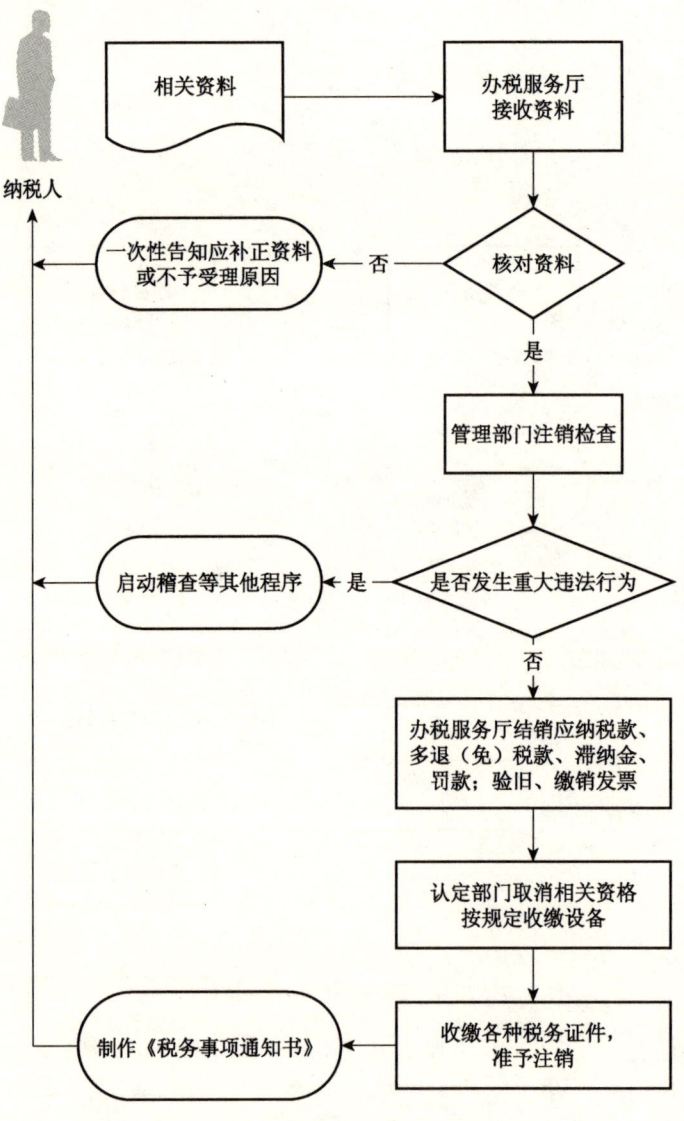

图1-6　注销税务登记的基本流程

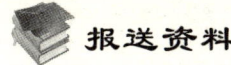
报送资料

（1）《注销税务登记申请审批表》。

（2）税务登记证件和其他税务证件。

（3）《发票领用簿》及未验旧和未使用的发票。

（4）工商营业执照被吊销的应提交工商行政管理部门发出的吊销决定原件及复印件。

（5）单位纳税人应提供上级主管部门批复文件或董事会决议原件及复印件。

（6）非居民企业应提供项目完工证明、验收证明等相关文件原件及复印件。

（7）使用增值税税控系统的纳税人应提供金税盘、税控盘和报税盘,或者提供金税卡和IC卡。

（8）《中华人民共和国企业清算所得税申报表》及附表。

（9）其他按规定应收缴的设备。

认知1.2　增值税一般纳税人资格登记

年应税销售额或应税服务年销售额未超过增值税小规模纳税人标准以及新开业的增值税纳税人,可以向主管税务机关申请增值税一般纳税人资格登记。

增值税一般纳税人资格登记流程如图1-7所示。

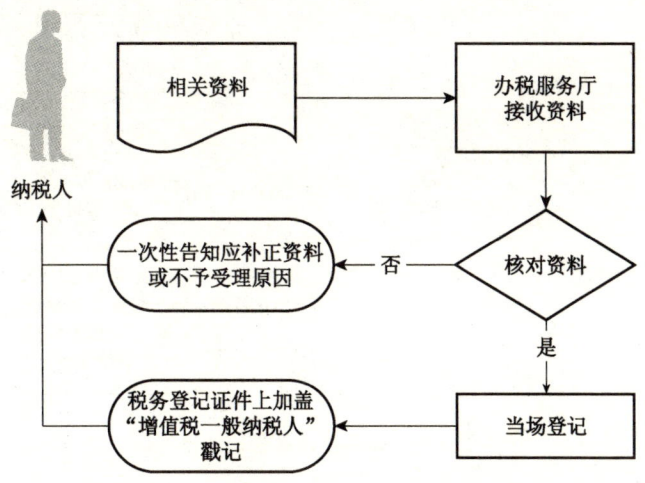

图1-7　增值税一般纳税人资格登记流程

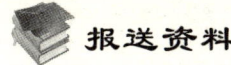
报送资料

（1）《增值税一般纳税人资格登记表》。

（2）税务登记证件。

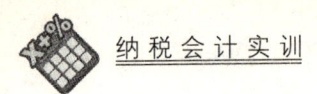

认知 1.3　增　值　税　发　票

一、增值税发票的核定

税务机关依据增值税纳税人的申请,核定其使用增值税税控系统开具的发票种类(包括增值税专用发票、货物运输业增值税专用发票、增值税普通发票及机动车销售统一发票)、单次(月)领用数量及增值税普通发票、机动车销售统一发票的最高开票限额。

增值税发票核定的流程如图1-8所示。

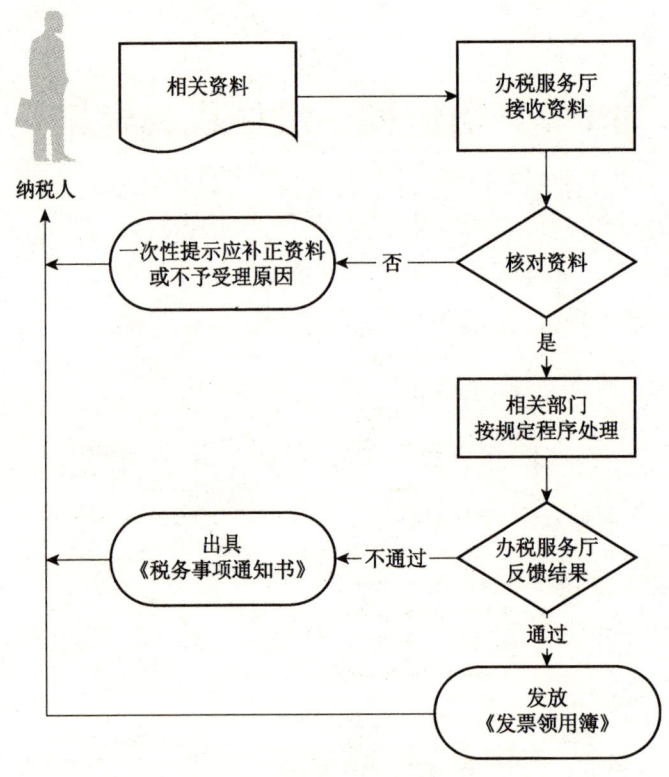

图1-8　增值税发票核定的流程

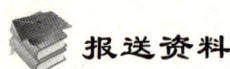 **报送资料**

(1)《纳税人领用发票票种核定表》2份。

(2)税务登记证件。

（3）经办人身份证明原件及复印件（首次办理或经办人发生变化时提供）。

（4）发票专用章印模（首次申请发票票种核定时提供）。

二、增值税专用发票（增值税税控系统）最高开票限额审批

税务机关依据增值税一般纳税人的申请，审批其开具增值税专用发票、货物运输业增值税专用发票的最高限额。

增值税专用发票最高开票限额审批流程如图1-9所示。

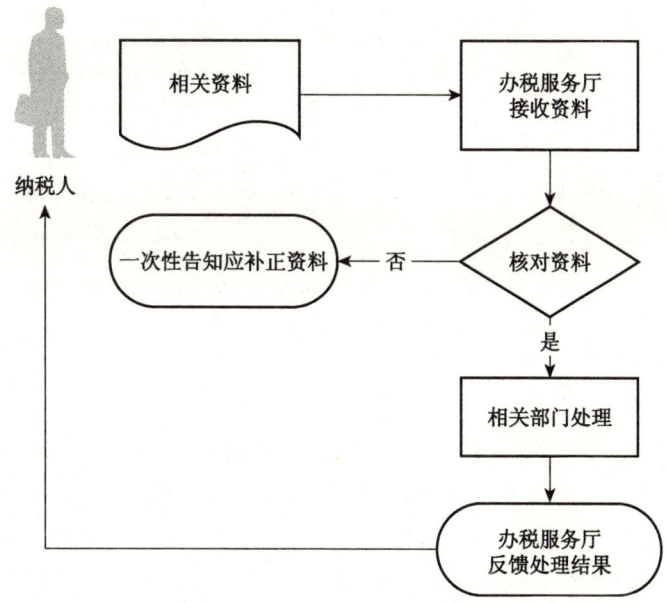

图1-9 增值税专用发票最高开票限额审批流程

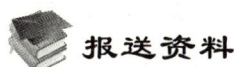

报送资料

（1）《税务行政许可申请表》。

（2）《增值税专用发票最高开票限额申请单》2份。

三、增值税发票系统税控装置初始发行

税务机关依据纳税人的申请，在增值税税控系统中将税务登记信息、资格认定信息、税种税目认定信息、票种核定信息、增值税发票系统升级版离线开票时限和离线开票总金额等信息载入金税盘（税控盘）。

增值税发票系统税控装置初始发行流程如图1-10所示。

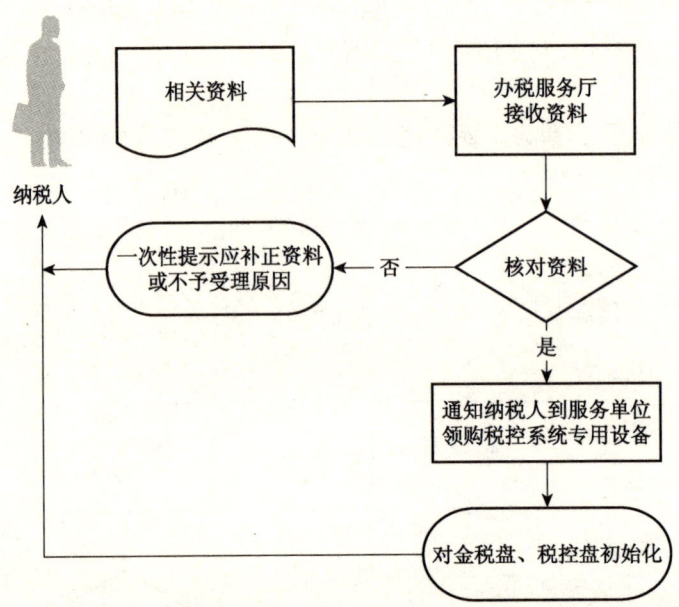

图 1-10　增值税发票系统税控装置初始发行流程

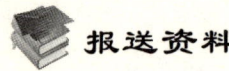 报送资料

　　(1)使用增值税专用发票和货物运输业增值税专用发票的纳税人,应提供增值税税控系统最高开票限额《准予税务行政许可决定书》。

　　(2)《增值税税控系统安装使用告知书》。

项目二 一般纳税人增值税纳税实训

实训 2.1 一般纳税人增值税税额的计算与核算

一、实训目标

（1）能根据业务的原始凭证，确定哪些业务应缴纳销项税额，哪些业务应计算抵扣的进项税额。

（2）能计算销项税额、进项税额和本期应缴纳的增值税。

二、实训要求

（1）根据经济业务的原始凭证，确定增值税的销项税额以及可抵扣的进项税额。

（2）计算本期应缴纳的增值税税额。

三、操作程序

（1）根据经济业务的原始凭证填制记账凭证。

（2）根据原始凭证和记账凭证，登记"应交税费——应交增值税"的明细账。

四、实训资料

龙江家电设备制造有限公司是一家家电制造企业，为增值税一般纳税人，适用税率17％，上期留抵税额为0，执行《企业会计准则》，该公司基本资料如下：

开户银行：工行黑龙江省分行开明学府路支行

账 号：6202024709024588888

纳税人识别号：230112201222011

主管国税机关：开明市国家税务局

主管地税机关：开明市地方税务局

经营地址：黑龙江省开明市学府路 800 号

电　　话：0416-87505678

【业务 2.1】 公司购入材料并已验收入库。原始凭证如表 2.1 至表 2.4 所示，填制记账凭证（见表 2.5）。

表 2.1

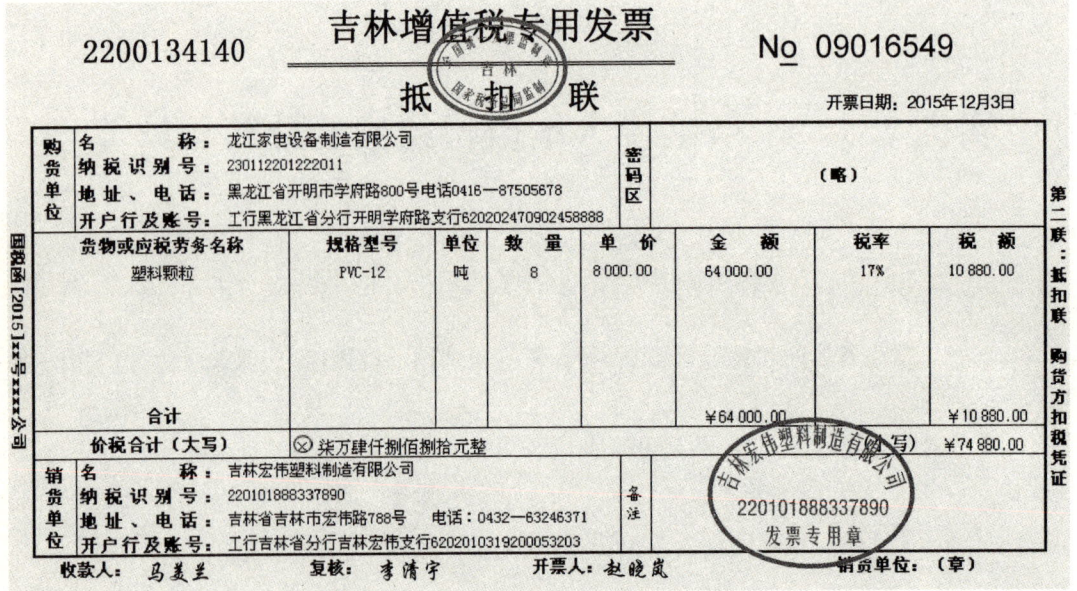

表 2.2

龙江家电设备制造有限公司　入库单

供料单位：吉林宏伟塑料制造公司

地　　址：

请购单编号：　　　　　　　　　2015 年 10 月 16 日　　　　No 0000883

种类/品名	规格	单位	数量	单价（元）	金额（元）	入库仓位	备注
塑料颗粒	PVC-12	吨	8	8 000.00	64 000.00		
合　计			8		64 000.00		

仓库主管：严保锁　　验收：欧阳秋　　复核：严明亮　　记账：白琺　　制单：韦向东

表 2.3

吉林增值税专用发票

2200134140

发票联

No 09016549

开票日期：2015年12月3日

购货单位	名　　　称：龙江家电设备制造有限公司 纳税识别号：230112201222011 地址、电话：黑龙江省开明市学府路800号电话0416—87505678 开户行及账号：工行黑龙江省分行开明学府路支行62020247090245888					密码区	（略）		
货物或应税劳务名称	规格型号	单位	数量	单价	金额	税率	税额		
塑料颗粒	PVC-12	千克	8 000	8.00	64 000.00	17%	10 880.00		
合计					¥64 000.00		¥10 880.00		
价税合计（大写）	⊗ 柒万肆仟捌佰捌拾元整						¥74 880.00		
销货单位	名　　　称：吉林宏伟塑料制造有限公司 纳税识别号：220101888337890 地址、电话：吉林省吉林市宏伟路788号　电话0432—63246371 开户行及账号：工行吉林省分行吉林宏伟支行6202010319200053203					备注			

第三联：发票联　购货方记账凭证

国税函[2015]xx号xxxx公司

收款人：马美兰　　　　　复核：李清宇　　　　　开票人：赵晓岚　　　　　销货单位：（章）

220101888337890
发票专用章

表 2.4

中国工商银行
支票存根

10205330
01237803

附加信息

出票日期 2015 年 12 月 03 日

收款人：	
	吉林宏伟塑料制造有限公司
金　额：	¥74 880.00
用　途：	购货款

单位主管　　　　会计

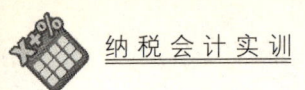

表 2.5

记 账 凭 证

字第 号

年 月 日

摘　　要	总账科目	明细科目	借　　方									贷　　方									✓
			千	百	十	万	千	百	十	元	角	分	千	百	十	万	千	百	十	元	角	分
附件　　张		合　　计																				

附单据　张

财会主管：　　　记账：　　　出纳：　　　复核：　　　制单：

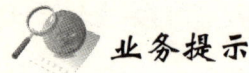业务提示

增值税一般纳税人准予抵扣进项税额的规定如下。

1. 凭票抵扣

纳税人购进货物或应税劳务取得下列两类法定扣税凭证,且经税务机关认证通过的,其进项税额允许抵扣:

(1) 从销货方取得的增值税专用发票上注明的增值税税额。

(2) 从海关取得的完税凭证上注明的增值税税额。

2. 计算抵扣

(1) 外购农产品允许抵扣的进项税额＝买价×13%。

(2) 运费允许抵扣的进项税额＝运输费用×7%。

【业务 2.2】 购入材料尚未送到,货款暂欠。原始凭证如表 2.6 和表 2.7 所示,填制记账凭证(见表 2.8)。

表 2.6

北京增值税专用发票

1100134140

抵　扣　联

No 07016550

开票日期：2015年12月6日

购货单位	名　　称： 龙江家电设备制造有限公司 纳税识别号： 230112201222011 地址、电话： 黑龙江省开明市学府路800号电话0416－87505678 开户行及账号： 工行黑龙江省分行开明学府路支行62020247090245888		密码区	（略）				
货物或应税劳务名称	规格型号	单位	数量	单价	金　额	税率	税　额	
薄型防火涂料	NB-LY-02	吨	10	9 000.00	90 000.00	17%	15 300.00	
合计					￥90 000.00		￥15 300.00	
价税合计（大写）	⊗ 壹拾万伍仟叁佰元整						￥105 300.00	
销货单位	名　　称： 北京凌鹰科技发展有限公司 纳税识别号： 110101888337890 地址、电话： 北京市大兴区西孔路1号　电话：010-81888552 开户行及账号： 工行北京市分行西孔路支行6202010458200053907		备注					

收款人：马美兰　　　复核：李清宇　　　开票人：赵晓岚　　　　　销货单位：（章）

第二联：抵扣联　购货方扣税凭证

国税函[2015]xx号xxxx公司

表 2.7

北京增值税专用发票

1100134140

发　票　联

No 07016550

开票日期：2015年12月6日

购货单位	名　　称： 龙江家电设备制造有限公司 纳税识别号： 230112201222011 地址、电话： 黑龙江省开明市学府路800号电话0416－87505678 开户行及账号： 工行黑龙江省分行开明学府路支行620202470902458888		密码区	（略）				
货物或应税劳务名称	规格型号	单位	数量	单价	金　额	税率	税　额	
薄型防火涂料	NB-LY-02	吨	10	9 000.00	90 000.00	17%	15 300.00	
合计					￥90 000.00		￥15 300.00	
价税合计（大写）	⊗ 壹拾万伍仟叁佰元整					（小写）	￥105 300.00	
销货单位	名　　称： 北京凌鹰科技发展有限公司 纳税识别号： 110101888337890 地址、电话： 北京市北京市大兴区西孔路1号　电话：010-81888552 开户行及账号： 工行北京市分行西孔路支行6202010458200053907		备注					

收款人：马美兰　　　复核：李清宇　　　开票人：赵晓岚　　　　　销货单位：（章）

第三联：发票联　购货方记账凭证

国税函[2015]xx号xxxx公司

表2.8

记 账 凭 证

字第　　号

年　　月　　日

摘　要	总账科目	明细科目	借　方 千百十万千百十元角分	贷　方 千百十万千百十元角分	√
附件　　张		合　　计			

附单据　　张

财会主管：　　　记账：　　　出纳：　　　复核：　　　制单：

【业务2.3】　因建造办公楼需要,从仓库领用材料。原始凭证如表2.9所示,填制记账凭证(见表2.10)。

表2.9

领 料 单

领料单位：基建部　　　　2015 年 12 月 07 日　　　　发料第5号

类别	编号	名称	规格	单位	数量 请领	数量 实发	单价(元)	金额(元)
	1	螺纹钢	2号	吨	10	10	4 000.00	40 000.00

用途	建造办公楼	领料部门 负责人	领料部门 领料人	发料部门 核准人	发料部门 发料人
		梁成功	祁善为	严保锁	韦向东

第三联 交财务

业务提示

1. 增值税一般纳税人不得抵扣的进项税额相关规定

(1)用于非增值税应税项目、免征增值税项目、集体福利或个人消费的购进货物或应税劳务,其进项税额不可抵扣。

(2)非正常损失的购进货物及相关的应税劳务,其进项税额不得抵扣。

（3）非正常损失的在产品、产成品所耗用的购进货物或应税劳务，其进项税额不得抵扣。

（4）未按规定取得并保存增值税扣税凭证。

（5）纳税人自用的应征消费税的摩托车、汽车、游艇。但作为提供交通运输业服务的运输工具和租赁服务标的物的除外。

（6）用于上述货物的运输费用和销售免税货物的运输费用。

2. 进项税额转出的计算

（1）按原抵扣的进项税额计算转出。

（2）无法准确确定原抵扣进项税额的，按当期实际成本计算进项税额转出。

$$实际成本＝买价＋运费＋保险费＋其他有关费用$$

（3）一般纳税人兼营免税项目或非增值税应税劳务而无法划分不得抵扣的进项税额的，按下列公式计算进项税额转出。

$$进项税额转出＝无法划分的全部进项税额×\frac{免税项目销售额或非应税劳务营业额}{全部销售额或营业额合计}$$

本业务属于购进货物用于非增值税应税项目，其进项税额不可抵扣，按原抵扣的进项税额计算转出。

表 2.10

记 账 凭 证

字第　　号

年　月　日

摘　要	总账科目	明细科目	借　方										贷　方										√
			千	百	十	万	千	百	十	元	角	分	千	百	十	万	千	百	十	元	角	分	
附件　　张		合　　计																					

附单据　　张

财会主管：　　　　记账：　　　　出纳：　　　　复核：　　　　制单：

【业务 2.4】 购入生产用设备验收入库。原始凭证如表 2.11 至表 2.17 所示，填制记账凭证（见表 2.18）。

表 2.11

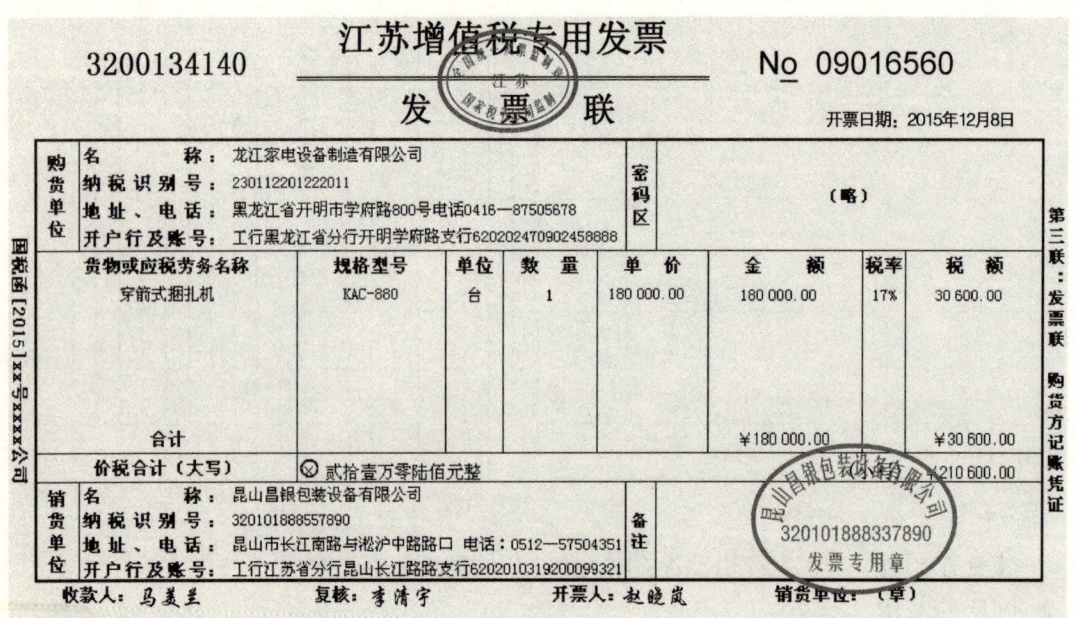

3200134140	增值税专用发票					No 09016560		
	抵 扣 联					开票日期：2015年12月8日		

购货单位	名　　称：龙江家电设备制造有限公司 纳税识别号：230112201222011 地址、电话：黑龙江省开明市学府路800号电话0416－87505678 开户行及账号：工行黑龙江省分行开明学府路支行6202024709024588888					密码区	(略)	
货物或应税劳务名称	规格型号	单位	数量	单价	金额	税率	税额	
穿箭式捆扎机	KAC-880	台	1	180 000.00	180 000.00	17%	30 600.00	
合计					￥180 000.00		￥30 600.00	
价税合计（大写）	⊗ 贰拾壹万零陆佰元整						￥210 600.00	
销货单位	名　　称：昆山昌银包装设备有限公司 纳税识别号：320101888557890 地址、电话：昆山市长江南路与淞沪中路路口　电话：0512－57504351 开户行及账号：工行江苏省分行昆山长江路路支行6202010319200099321					备注	320101888337890 发票专用章	

收款人：马美兰　　　复核：李清宇　　　开票人：赵晓岚　　　销货单位：（章）

表 2.12

3200134140	江苏增值税专用发票					No 09016560		
	发 票 联					开票日期：2015年12月8日		

购货单位	名　　称：龙江家电设备制造有限公司 纳税识别号：230112201222011 地址、电话：黑龙江省开明市学府路800号电话0416－87505678 开户行及账号：工行黑龙江省分行开明学府路支行620202470902458888					密码区	(略)	
货物或应税劳务名称	规格型号	单位	数量	单价	金额	税率	税额	
穿箭式捆扎机	KAC-880	台	1	180 000.00	180 000.00	17%	30 600.00	
合计					￥180 000.00		￥30 600.00	
价税合计（大写）	⊗ 贰拾壹万零陆佰元整						￥210 600.00	
销货单位	名　　称：昆山昌银包装设备有限公司 纳税识别号：320101888557890 地址、电话：昆山市长江南路与淞沪中路路口　电话：0512－57504351 开户行及账号：工行江苏省分行昆山长江路路支行6202010319200099321					备注	320101888337890 发票专用章	

收款人：马美兰　　　复核：李清宇　　　开票人：赵晓岚　　　销货单位：（章）

表 2.13

中国工商银行
支票存根
10205330
01237804

附加信息 ＿＿＿＿＿＿＿＿＿
＿＿＿＿＿＿＿＿＿＿＿＿＿＿
＿＿＿＿＿＿＿＿＿＿＿＿＿＿

出票日期 2015 年 12 月 8 日

收款人：
昆山昌银包装设备有限公司

金　额：￥210 600.00

用　途：购生产设备

单位主管　　会计

表 2.14

中国工商银行
支票存根
10205330
01237805

附加信息 ＿＿＿＿＿＿＿＿＿
＿＿＿＿＿＿＿＿＿＿＿＿＿＿
＿＿＿＿＿＿＿＿＿＿＿＿＿＿

出票日期 2015 年 12 月 8 日

收款人：
江苏畅顺通达运输有限公司

金　额：￥4 440.00

用　途：运输费

单位主管　　会计

表 2.15

货物运输业增值税专用发票

3200134760　　　　　　　　　　　　　　No 00014373

抵扣联

开票日期：2015年12月8日

税总函 [2015] xxxxx有限公司

承运人及纳税人识别号	江苏畅顺通达运输有限公司 32102431054395	密码区	(略)		第二联：抵扣联 受票方扣税凭证
实际受票方及纳税人识别号	龙江家电设备制造有限公司 230112201222011				
收货人及纳税人识别号	龙江家电设备制造有限公司 230112201222011	发货人及纳税人识别号	昆山昌银包装设备有限公司 320101888557890		
起运地、经由、到达地	昆山—开明				
费用项目及金额	费用项目　　　　金额 运费　　　　4 000.00			运输货物信息	
合计金额	4 000	税率	11%	税额　440	机器编号 939900186080
价税金额（大写）	⊗肆仟肆佰肆拾元整				¥4 440.00
车种车号	苏A00312	车船吨位	20T	备注	32102431054395 发票专用章 (1)
主管税务机关及代码	昆山市国家税务局 3200130011				
收款人：王通	复核人：赵明	开票人：李达		承运人(章)：	

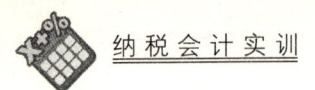

表 2.16

货物运输业增值税专用发票

3200134760 发票联 No 00014373

开票日期：2015年12月8日

承运人及纳税人识别号	江苏畅顺通达运输有限公司 32102431054395	密码区		(略)
实际受票方及纳税人识别号	龙江家电设备制造有限公司 230112201222011			
收货人及纳税人识别号	龙江家电设备制造有限公司 230112201222011	发货人及纳税人识别号		昆山昌银包装设备有限公司 320101888557890

起运地、经由、到达地　　　昆山—开明

费用项目及金额	费用项目	金额	运输货物信息	
	运费	4 000.00		

合计金额	4 000	税率	11%	税额	440	机器编号	939900186080

价税金额（大写）⊗肆仟肆佰肆拾元整

车种车号	苏A00312	车船吨位	20T	备注	
主管税务机关及代码	昆山市国家税务局 32000130011				

税总函 [2015] xxxx有限公司　第三联：发票联　受票方记账凭证

收款人：王通　　复核人：赵明　　开票人：李达　　承运人（章）

（印章：江苏畅顺通达运输有限公司 32102431054395 发票专用章）

表 2.17

固定资产验收单

资产编号	G0012	资产名称		穿箭式捆扎机	
规格（型号）	KAC-880	资产代码		购置日期	2015 年 12 月 8 日
计量单位	台	单价（元）		金额（元）	壹拾捌万肆仟元整
出厂日期	2015 年 11 月 12 日星期二	管理人		叶丽美	
生产厂家	昆山昌银包装设备有限公司	安装使用地点		生产—车间	
附件情况					

固定资产验收情况说明：

良好

参加验收人员签字：　钱焕清
　　　　　　　　　　王同雨　金庆喜
　　　　　　　　　　周四立　　　　　　　　　　　验收日期：2015 年 12 月 20 日

管理部门经理签字：	王振景
公司总经理签字：	李明昊

注：此表一式三份，使用部门、管理部门、财务部各一份。

表 2.18

记 账 凭 证

字第 号

年 月 日

摘 要	总 账 科 目	明 细 科 目	借 方										贷 方										√
			千	百	十	万	千	百	十	元	角	分	千	百	十	万	千	百	十	元	角	分	
附件 张	合 计																						

财会主管: 记账: 出纳: 复核: 制单:

附单据 张

 **业务提示**

《交通运输业和部分现代服务业营业税改征增值税试点实施办法》中规定,准予从销项税额中抵扣进项税额:

(1)从销售方或者提供方取得的增值税专用发票(含货物运输业增值税专用发票、税控机动车销售统一发票,下同)上注明的增值税税额。

(2)从海关取得的海关进口增值税专用缴款书上注明的增值税税额。

(3)购进农产品,除取得增值税专用发票或者海关进口增值税专用缴款书外,按照农产品收购发票或者销售发票上注明的农产品买价和13%的扣除率计算的进项税额。计算公式为:

$$进项税额=买价\times扣除率$$

买价是指纳税人购进农产品,在农产品收购发票或者销售发票上注明的价款和按照规定缴纳的烟叶税。

(4)接受铁路运输服务,按照铁路运输费用结算单据上注明的运输费用金额和7%的扣除率计算的进项税额。进项税额计算公式为:

$$进项税额=运输费用金额\times扣除率$$

运输费用金额是指铁路运输费用结算单据上注明的运输费用(包括铁路临管线及铁路专线运输费用)、建设基金,不包括装卸费、保险费等其他杂费。

(5) 接受境外单位或者个人提供的应税服务,从税务机关或者境内代理人取得的解缴税款的中华人民共和国税收缴款凭证(以下称税收缴款凭证)上注明的增值税税额。

【业务 2.5】 发现库存机油已变质,经查原因是被雨水淋过。总经办同意报废并处理。原始凭证如表 2.19 至表 2.22 所示,填制记账凭证(见表 2.23 和表 2.24)。

表 2.19

盘 存 单

单位名称:龙江家电设备制造有限公司　　存放地点:_____　　编号_____
财产类别:_____　　盘点时间:2015 年 12 月 10 日

序号	名　称	规　格	计量单位	盘点数量	单　价	金　额	备　注
1	机油	KNGCQ-12F	kg	50	100.00	5 000.00	
2							
3							
4							
5							
6							
7							
8							
9							
合　计				50		5 000.00	

主管 严保锁　　　　　　盘点人签章:赵德安　　　　　　保管人签章:韦向东

表 2.20

实存账存对比表

单位名称:龙江家电设备制造有限公司　　2015 年 12 月 10 日

序号	产品名称	单价（元）	实存		账存		对比结果				备注
			数量（kg）	金额（元）	数量（kg）	金额（元）	盘盈		盘亏		
							数量（kg）	金额（元）	数量（kg）	金额（元）	
1	机油	100.00	50	5 000.00	50	5 000.00					已变质申请报废
2											
3											
4											
5											
6											
7											
8											
9											
合　计			50	5 000.00	50	5 000.00					

主管 严保锁　　　　　　复核 李绩瑶　　　　　　制单:白珏

表 2.21

变质材料报废申请书

总经办：
　　公司本年1月入库的机油50千克已变质，现申请报废！

材料仓库主管：严保锁
材料仓库管理员：韦向东
2015年12月10日

同意报废 [吴孪印明]

附：质检部检测已确认变质证明！

材料库：
　　在仓库例行检查中，发现本年1月入库的机油50千克已变质，如继续使用会严重损害生产设备的性能，请停止向生产部门发入该批材料！

质检部主管：严明亮
质检员：欧阳秋

2015年12月10日

表 2.22

材料盘点处理意见

龙江家电设备制造有限公司财务部：

　　材料仓库申请报废的机油，系因雨水淋过造成，作营业外支出处理！

总经理：[吴孪印明]
2015年12月10日

业务提示

本业务属于购进货物发生非正常损失,其进项税额不得抵扣;按原抵扣的进项税额计算转出。

表2.23

记 账 凭 证

字第　号

年　　月　　日

摘　　要	总账科目	明细科目	借　方										贷　方										√
			千	百	十	万	千	百	十	元	角	分	千	百	十	万	千	百	十	元	角	分	
附件　　张		合　　计																					

财会主管：　　　　记账：　　　　出纳：　　　　复核：　　　　制单：

附单据　张

表2.24

记 账 凭 证

字第　号

年　　月　　日

摘　　要	总账科目	明细科目	借　方										贷　方										√
			千	百	十	万	千	百	十	元	角	分	千	百	十	万	千	百	十	元	角	分	
附件　　张		合　　计																					

财会主管：　　　　记账：　　　　出纳：　　　　复核：　　　　制单：

附单据　张

【业务 2.6】 将上月购入的植物油发放给职工,用于职工福利。该植物油入库单价 100 元。原始凭证如表 2.25 所示,填制记账凭证(见表 2.26)。

表 2.25

职工福利发放表

编制单位:龙江家电设备制造有限公司　　　　　　　　　　日期:2015 年 12 月 10 日

序号	姓名	身份证号码	部门	领用福利	领料人	领料数量	签名
1	张琳琳	××…××		植物油	—	1	张琳琳
2	李浩放	××…××		植物油	—	1	李浩放
3	任淑波	××…××		植物油	—	1	任淑波
…	……	…		……	……	…	……
合　计						150	

制表:张伟利

 **业务提示**

本业务属于购进货物用于集体福利或个人消费,其进项税额不可抵扣;按原抵扣的进项税额计算转出。

表 2.26

记 账 凭 证

字第　　号

年　　月　　日

摘　要	总账科目	明细科目	借　方										贷　方										✓
			千	百	十	万	千	百	十	元	角	分	千	百	十	万	千	百	十	元	角	分	
附件　　张	合　计																						

附单据　　张

财会主管:　　　　记账:　　　　出纳:　　　　复核:　　　　制单:

【**业务 2.7**】 销售 A 型空调设备,货款未收。原始凭证如表 2.27 所示,填制记账凭证(见表 2.28)。

表 2.27

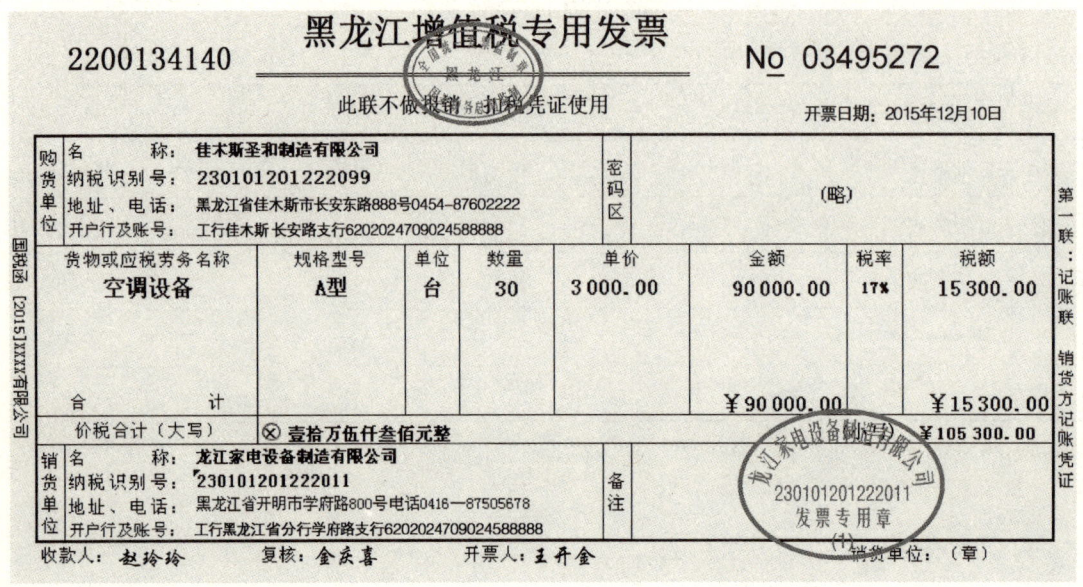

表 2.28

记 账 凭 证

字第　　号

年　　月　　日

摘　要	总账科目	明细科目	借　方										贷　方										√
			千	百	十	万	千	百	十	元	角	分	千	百	十	万	千	百	十	元	角	分	
附件　张		合　　计																					

财会主管:　　　　记账:　　　　出纳:　　　　复核:　　　　制单:

【业务 2.8】　销售 A 型空调设备,货款已收。原始凭证如表 2.29 和表 2.30 所示,填制记账凭证(见表 2.31)。

表 2.29

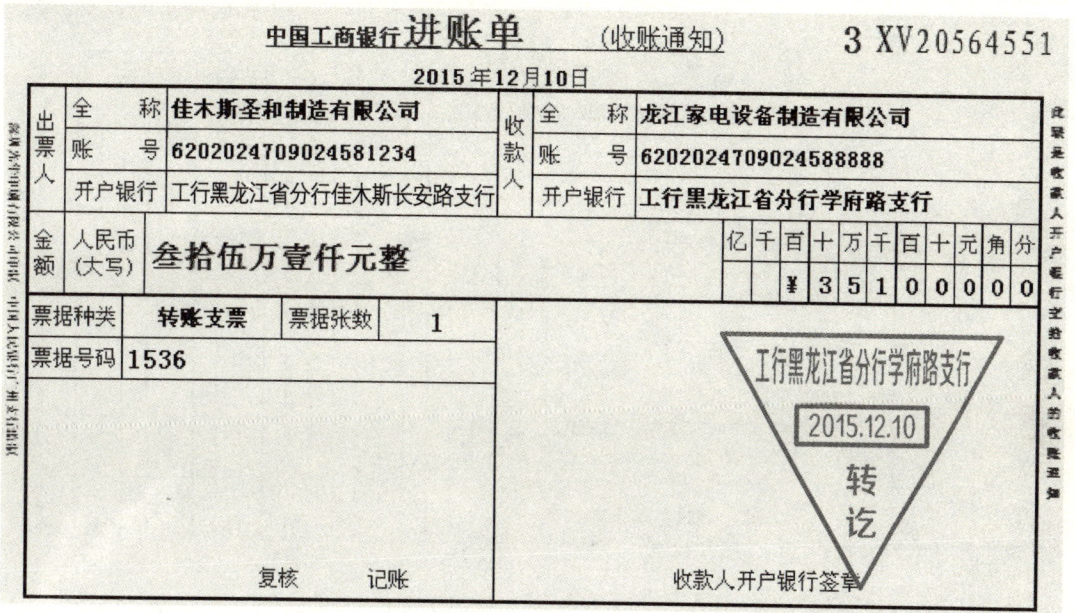

表 2.30

表 2.31

记账凭证

年　月　日

字第　　号

摘　要	总账科目	明细科目	借　方										贷　方										√
			千	百	十	万	千	百	十	元	角	分	千	百	十	万	千	百	十	元	角	分	
附件　　张	合　　计																							

附单据　张

财会主管：　　　记账：　　　出纳：　　　复核：　　　制单：

【业务 2.9】 将库存的 A 型空调设备 400 台对哈尔滨天明机械制造有限公司进行长期投资（投资双方互不控制），未发生其他相关费用。原始凭证如表 2.32 和表 2.33 所示，填制记账凭证（见表 2.34）。

表 2.32

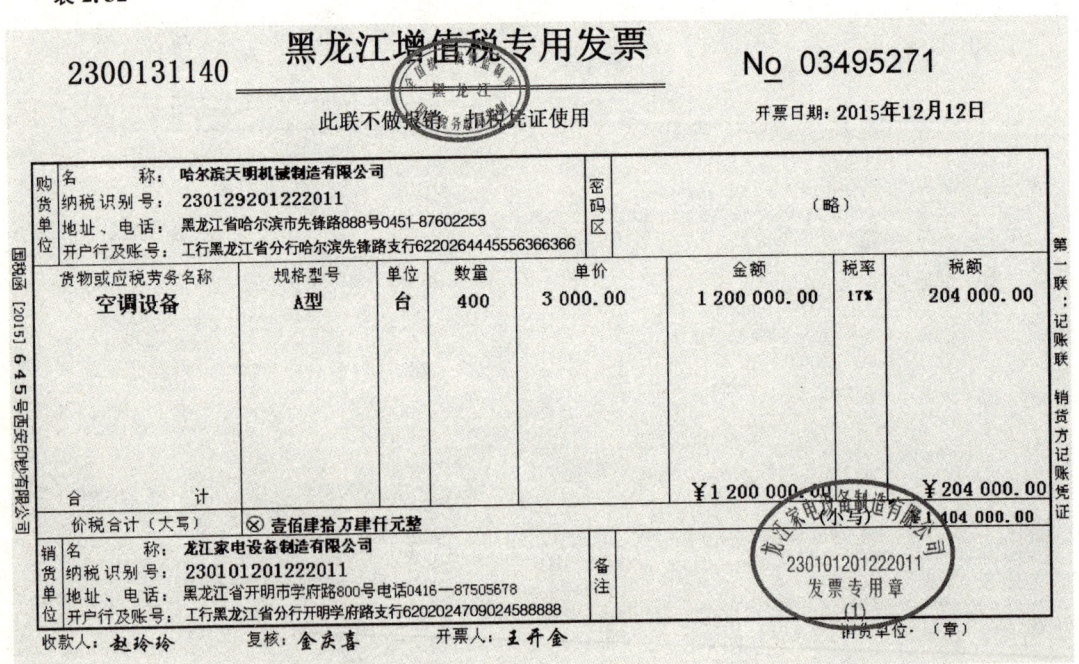

表 2.33

产 品 出 库 单

No 08029349

提货部门:对外投资

日期:2015 年 12 月 12 日

产品编号	产品名称	产品规格	单位	出库数量	单价	金额	备注
	空调设备	A 型	台	400	2 500.00	1 000 000.00	
合计				400		¥1 000 000.00	

部门主管:杨统云　　　　　发货人:杨顺周　　　　　提货人:郑景川

第三联 交财务

 **业务提示**

1. 增值税一般纳税人视同销售行为

(1) 将货物交付其他单位或者个人代销。

(2) 销售代销货物(但手续费缴纳营业税)。

(3) 设有两个以上机构并实行统一核算的纳税人,将货物从一个机构移送到其他机构用于销售,但相关机构设在同一县(市)的除外。

(4) 将自产或者委托加工的货物用于非增值税应税项目;非增值税应税项目是指提供非增值税应税劳务、转让无形资产、销售不动产和不动产在建工程。纳税人新建、改建、扩建、修缮、装饰不动产,均属于不动产在建工程。

(5) 将自产、委托加工的货物用于集体福利或者个人消费。

(6) 将自产、委托加工或者购进的货物作为投资,提供给其他单位或者个体工商户。

(7) 将自产、委托加工或者购进的货物分配给股东或者投资者。

(8) 将自产、委托加工或者购进的货物无偿赠送其他单位或者个人。

2. 视同销售行为销售额的确定

(1) 按纳税人当月同类货物的平均销售价格确定。

(2) 按纳税人最近时期同类货物的平均销售价格确定。

(3) 按组成计税价格确定:

$$组成计税价格 = 成本 \times (1 + 成本利润率) + 消费税税额$$
$$= 成本 \times (1 + 成本利润率) \div (1 - 消费税税率)$$

成本利润率:属于从价计征消费税的货物,按《消费税若干具体问题的规定》执行;其他货物按 10% 计算。

本业务属于视同销售行为将自产的货物作为投资,销售额按纳税人当月同类货物的平均销售价格确定。

表 2.34

记 账 凭 证

字第　　号

年　　月　　日

摘　要	总账科目	明细科目	借　方										贷　方										√
			千	百	十	万	千	百	十	元	角	分	千	百	十	万	千	百	十	元	角	分	
附件　　张		合　　计																					

财会主管：　　　记账：　　　出纳：　　　复核：　　　制单：

附单据　　张

【业务 2.10】　向灾区捐赠 A 型空调设备 20 台。原始凭证如表 2.35 所示，填制记账凭证（见表 2.36）。

表 2.35

产 品 出 库 单

No 08029350

提货部门：捐赠　　　　　　　　　　　　　　　　　日期：2015 年 12 月 15 日

产品编号	产品名称	产品规格	单位	出库数量	单价	金额	备注
	空调设备	A 型	台	20	2 500.00	50 000.00	
合计				20		￥50 000.00	

部门主管：杨统云　　　　　　发货人：杨顺周　　　　　　提货人：郑景川

第三联　交财务

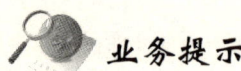

业务提示

本业务属于视同销售行为将自产的货物无偿赠送其他单位或者个人，销售额按纳税人当月同类货物的平均销售价格确定。

表 2.36

<h1 style="text-align:center">记 账 凭 证</h1>

字第　　号

年　　月　　日

摘　　要	总账科目	明细科目	借　方 千百十万千百十元角分	贷　方 千百十万千百十元角分	√
附件　　张	合　计				

财会主管：　　　　记账：　　　　出纳：　　　　复核：　　　　制单：

附单据　　张

【业务 2.11】　销售风扇设备 100 台给佳木斯圣和制造有限公司，上月已收到预收款项。原始凭证如表 2.37 所示，填制记账凭证（见表 2.38）。

表 2.37

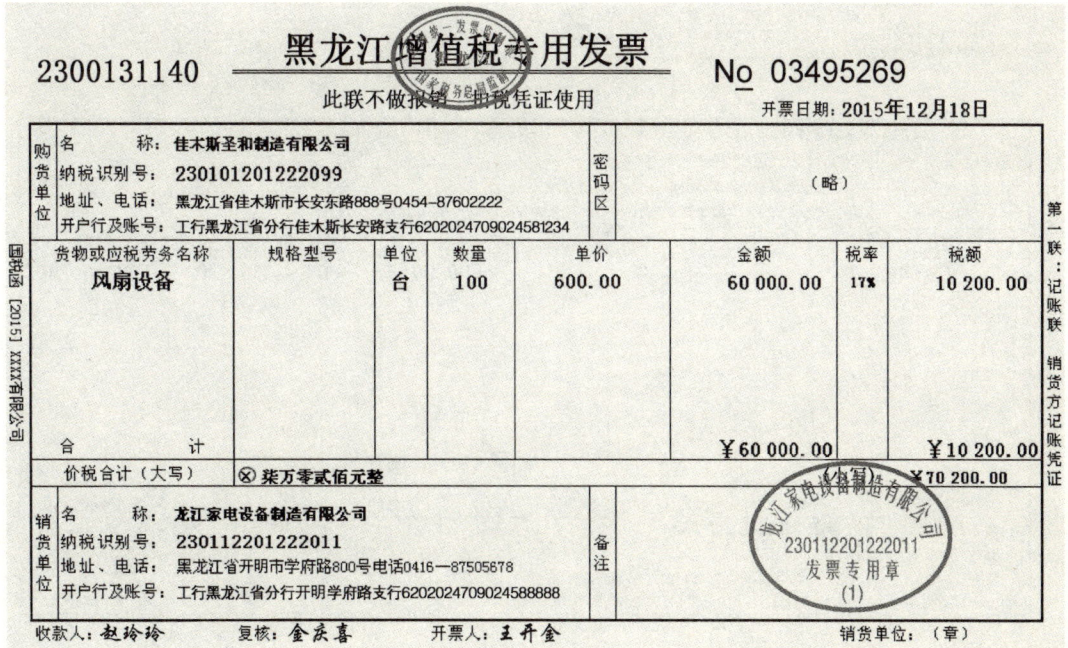

表 2.38

记 账 凭 证

字第　　号

年　月　日

摘　要	总账科目	明细科目	借　方											贷　方											√
			千	百	十	万	千	百	十	元	角	分	千	百	十	万	千	百	十	元	角	分	
附件　张	合　计																							

财会主管：　　　记账：　　　出纳：　　　复核：　　　制单：

附单据　　张

【业务 2.12】 销售剩余螺纹钢，货款未收到。原始凭证如表 2.39 所示，填制记账凭证（见表 2.40）。

表 2.39

黑龙江增值税专用发票　No 03495273

2300134140

此联不做报销、抵扣凭证使用　　开票日期：2015年12月20日

购货单位	名　称：佳木斯圣和制造有限公司 纳税识别号：230101201222099 地址、电话：黑龙江省佳木斯市长安东路888号0454-87602222 开户行及账号：工行黑龙江省分行佳木斯长安路支行6202024709024581234	密码区	（略）

货物或应税劳务名称	规格型号	单位	数量	单价	金额	税率	税额
螺纹钢		吨	2	4 000.00	8 000.00	17%	1 360.00
合　计					￥8 000.00		￥1 360.00

价税合计（大写）　⊗ 玖仟叁佰陆拾元整　　　　￥9 360.00

销货单位	名　称：龙江家电设备制造有限公司 纳税识别号：230101201222011 地址、电话：黑龙江省开明市学府路800号电话：0416-87505678 开户行及账号：工行黑龙江省分行学府路支行6202024709024588888	备注	230101201222011 发票专用章

收款人：赵玲玲　　复核：金庆喜　　开票人：王开金　　　销货单位：（章）

第一联：记账联　销货方记账凭证

国税函〔2015〕XXXX有限公司

表 2.40

记 账 凭 证

字第　　号

年　　月　　日

摘　　要	总账科目	明细科目	借　方										贷　方										√
			千	百	十	万	千	百	十	元	角	分	千	百	十	万	千	百	十	元	角	分	
附件　　张		合　　计																					

财会主管：　　　　记账：　　　　出纳：　　　　复核：　　　　制单：

附单据　　张

【业务 2.13】　将自产的中央空调用于自行建造职工俱乐部。该批产品计税价格为 300 000 元。原始凭证如表 2.41 所示,填制记账凭证(见表 2.42)。

表 2.41

产品出库单

No 08029342

提货部门:用于建造职工俱乐部　　　　　　　　日期:2015 年 12 月 21 日

产品编号	产品名称	产品规格	单位	出库数量	单价	金额	备注
	中央空调		台	1	200 000.00	200 000.00	
合计				1		￥200 000.00	

第三联　交财务

部门主管:杨绕云　　　　　　发货人:杨顺周　　　　　　提货人:祁善舄

🔍 **业务提示**

本业务属于视同销售行为将自产的货物用于非增值税应税项目,销售额按纳税人当月同类货物的平均销售价格确定。

表 2.42

记账凭证

字第　号

年　月　日

摘　要	总账科目	明细科目	借　方 千百十万千百十元角分	贷　方 千百十万千百十元角分	√
附件　张	合　计				

财会主管：　　　记账：　　　出纳：　　　复核：　　　制单：

附单据　　张

【业务 2.14】 销售 A 型空调设备保修期内出现质量问题准予退货,开具红字专用发票。原始凭证如表 2.43 所示,填制记账凭证(见表 2.44)。

表 2.43

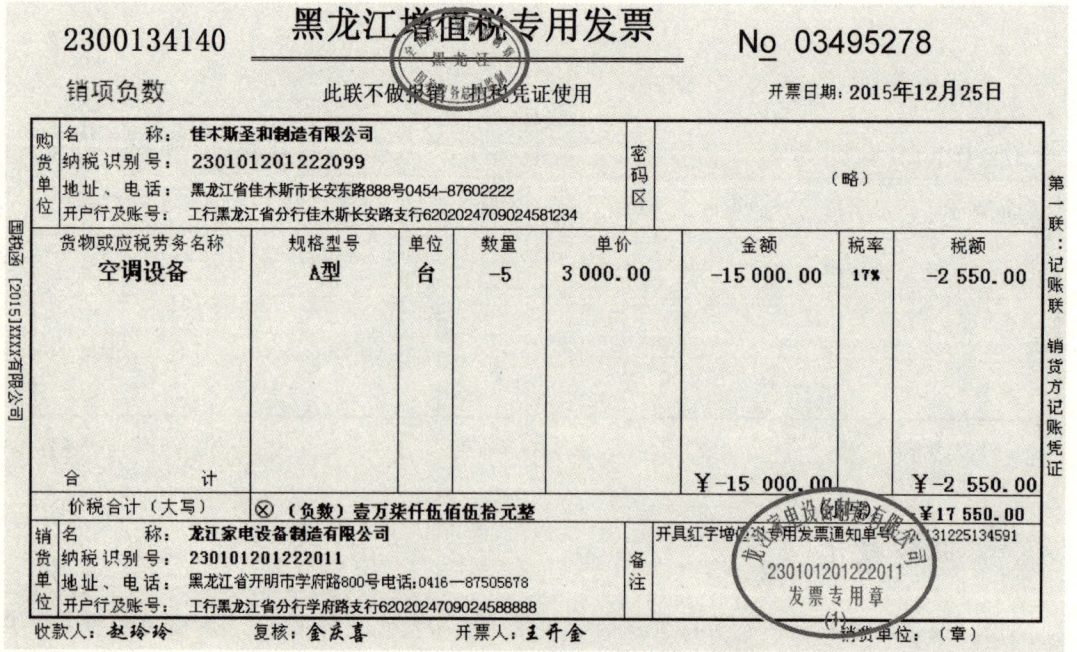

2300134140	黑龙江增值税专用发票			No 03495278

销项负数　　　　　　此联不做报销抵扣税凭证使用　　　　开票日期:2015年12月25日

购货单位	名　　称:	佳木斯圣和制造有限公司						
	纳税识别号:	230101201222099			密码区	(略)		
	地址、电话:	黑龙江省佳木斯市长安东路888号0454-87602222						
	开户行及账号:	工行黑龙江省分行佳木斯长安路支行6202024709024581234						

货物或应税劳务名称	规格型号	单位	数量	单价	金额	税率	税额
空调设备	A型	台	-5	3 000.00	-15 000.00	17%	-2 550.00
合　　　计					¥-15 000.00		¥-2 550.00

价税合计(大写)	⊗ (负数)壹万柒仟伍佰伍拾元整	¥17 550.00

销货单位	名　　称:	龙江家电设备制造有限公司		
	纳税识别号:	230101201222011	备注	开具红字增值税专用发票通知单号码:31225134591 230101201222011
	地址、电话:	黑龙江省开明市学府路800号电话:0416-87505678		
	开户行及账号:	工行黑龙江省分行学府路支行6202024709024588888		

收款人: 赵玲玲　　复核: 金庆喜　　开票人: 王开金　　　　销货单位: (章)

第一联:记账联　销货方记账凭证

国税函 [2015]XXXX有限公司

表 2.44

记 账 凭 证

字第　号

年　月　日

摘　要	总账科目	明细科目	借　方										贷　方										√
			千	百	十	万	千	百	十	元	角	分	千	百	十	万	千	百	十	元	角	分	
附件　张		合　计																					

附单据　张

财会主管：　　　记账：　　　出纳：　　　复核：　　　制单：

【业务 2.15】 支付广告费（属营改增业务）。原始凭证如表 2.45 至表 2.47 所示，填制记账凭证（见表 2.48）。

表 2.45

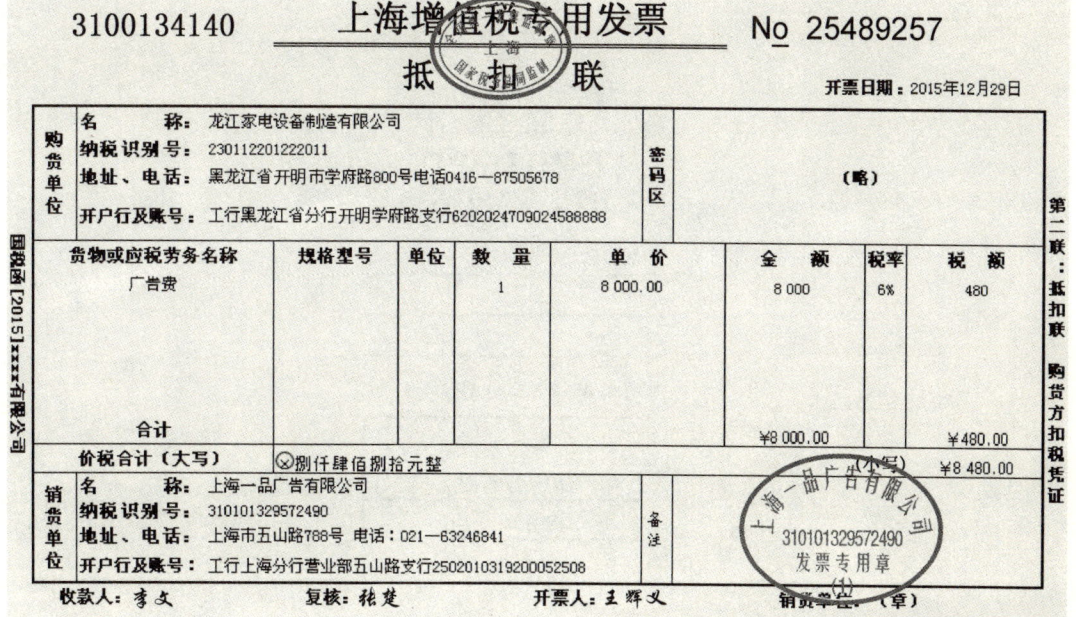

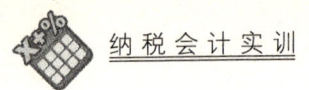

表 2.46

3100134140			上海增值税专用发票				No 25489257			
			发 票 联					开票日期: 2015年12月29日		

购货单位	名　　　称：龙江家电设备制造有限公司 纳税识别号：230112201222011 地址、电话：黑龙江省开明市学府路800号电话0416—87505678 开户行及账号：工行黑龙江省分行开明学府路支行6202024709024588888			密码区		(略)		
货物或应税劳务名称	规格型号	单位	数量	单价	金　额	税率	税　额
广告费			1	8 000.00	8 000	6%	480
合计					¥8 000.00		¥480.00
价税合计（大写）	⊗捌仟肆佰捌拾元整					(小写) ¥8 480.00		
销货单位	名　　　称：上海一品广告有限公司 纳税识别号：310101329572490 地址、电话：上海市五山路788号 电话：021—63246841 开户行及账号：工行上海分行营业部五山路支行2502010319200052508			备注	310101329572490 发票专用章			

收款人：李文　　　复核：张楚　　　开票人：王辉义　　　销货单位：（章）

表 2.47

中国工商银行 支票存根
10205330
01237806
附加信息
出票日期 2015 年 12 月 29 日
收款人： 上海一品广告有限公司
金　额： ¥8 480.00
用　途： 广告费
单位主管　　　会计

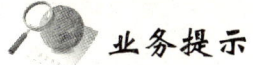 **业务提示**

广告服务属于增值税征税范围中"现代服务"中的"文化创意服务"，是指利用图书、报纸、杂志、广播、电视、电影、幻灯、路牌、招贴、橱窗、霓虹灯、灯箱、互联网等各种形式为客户的商品、经营服务项目、文体节目或者通告、声明等委托事项进行宣传和提供相关服务的业务活动。广告服务包括广告代理和广告的发布、播映、宣传、展示等。

增值税扣税凭证，包括增值税专用发票、海关进口增值税专用缴款书、农产品收购发票、农产品销售发票和完税凭证。本业务中购进广告服务属于接受应税服务并取得增值税专用发票，准予抵扣进项税额。

表2.48

记账凭证

字第　　号

年　　月　　日

摘　要	总账科目	明细科目	借　方										贷　方										√
			千	百	十	万	千	百	十	元	角	分	千	百	十	万	千	百	十	元	角	分	
附件　　张	合　　计																						

附单据　　张

财会主管：　　　　　记账：　　　　　出纳：　　　　　复核：　　　　　制单：

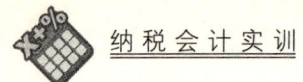

根据[业务 2.1]至[业务 2.15]填制"应交税费——应交增值税"明细账,如表 2.49 所示。

表 2.49

"应交税费——应交增值税"明细账

年		记账凭证号数	摘　要	页数	借　方				贷　方			借或贷	余额
月	日				进项税额	已交税额	减免税额	出口抵免税额	销项税额	出口退税	进项税额转出		

实训 2.2 一般纳税人增值税纳税申报

一、实训目标

(1) 能根据业务填制增值税的纳税申报表及其相关附表。
(2) 能进行增值税应纳税额的缴纳工作。

二、实训要求

根据实训 2.1 资料的相关原始凭证和账簿资料,填制增值税的纳税申报表及其相关附表。

三、操作程序

准备增值税的纳税申报表及其相关附表等资料。

四、实训资料

(1) 实训 2.1 中的原始凭证和账簿资料。
(2) 一般纳税人的增值税纳税申报表如表 2.50 至表 2.53 及附表。

表2.50

增值税纳税申报表附列资料（一）

(本期销售情况明细)

税款所属时间：　年　月　日至　年　月　日

纳税人名称：(公章)　　　　　　　　　　　　　　　　　　　　　　　　金额单位：元至角分

项目及栏次		开具增值税专用发票		开具其他发票		未开具发票		纳税检查调整		合计			服务、不动产和无形资产扣除项目本期实际扣除金额	扣除后	
		销售额	销项（应纳）税额	销售额	销项（应纳）税额	销售额	销项（应纳）税额	销售额	销项（应纳）税额	销售额	销项（应纳）税额	价税合计		含税（免税）销售额	销项（应纳）税额
		1	2	3	4	5	6	7	8	9=1+3+5+7	10=2+4+6+8	11=9+10	12	13=11+12	14=13÷(100%+税率或征收率)×税率或征收率
一、一般计税方法计税	全部征税项目	17%税率的货物及加工修理修配劳务 1											—	—	
		17%税率的服务、不动产和无形资产 2											—	—	
		13%税率 3											—	—	
		11%税率 4											—	—	
		6%税率 5											—	—	
	其中：即征即退项目	即征即退货物及加工修理修配劳务 6											—	—	
		即征即退服务、不动产和无形资产 7											—	—	

项目		栏次											
二、简易计税方法计税	全部征税项目	6%征收率	8	—			—	—		—	—		—
		5%征收率的货物及加工修理修配服务	9a										
		5%征收率的服务、不动产和无形资产	9b										
		4%征收率	10	—	—	—	—	—	—				
		3%征收率的货物及加工修理修配服务	11	—	—	—	—	—	—				
		3%征收率的服务、不动产和无形资产	12										
	其中即征即退项目	预征率　　%	13a										
		预征率　　%	13b										
		预征率　　%	13c										
		即征即退货物及加工修理修配劳务	14	—			—	—		—	—		—
		即征即退服务、不动产和无形资产	15	—			—	—		—	—		—
三、免抵退税		货物及加工修理修配劳务	16	—			—						
		服务、不动产和无形资产	17	—			—						
四、免税		货物及加工修理修配劳务	18	—			—						
		服务、不动产和无形资产	19	—			—						

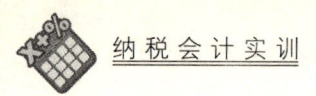

表 2.51

增值税纳税申报表附列资料(二)

(本期进项税额明细)

税款所属时间: 年 月 日至 年 月 日

纳税人名称:(公章) 金额单位:元至角分

一、申报抵扣的进项税额				
项 目	栏次	份数	金额	税额
(一)认证相符的增值税专用发票	1＝2＋3			
其中:本期认证相符且本期申报抵扣	2			
前期认证相符且本期申报抵扣	3			
(二)其他扣税凭证	4＝5＋6＋7＋8			
其中:海关进口增值税专用缴款书	5			
农产品收购发票或者销售发票	6			
代扣代缴税收缴款凭证	7		—	
其他	8			
(三)本期用于购建不动产的扣税凭证	9	—	—	—
(四)本期不动产允许抵扣进项税额	10	—	—	—
(五)外贸企业进项税额抵扣证明	11		—	—
当期申报抵扣进项税额合计	12＝1＋4－9＋10＋11			

二、进项税额转出额		
项 目	栏次	税额
本期进项税转出额	13＝14 至 23 之和	
其中:免税项目用	14	
集体福利、个人消费	15	
非正常损失	16	
简易计税方法征税项目用	17	
免抵退税办法不得抵扣的进项税额	18	
纳税检查调减进项税额	19	
红字专用发票信息表注明的进项税额	20	
上期留抵税额抵减欠税	21	

（续表）

二、进项税额转出额		
项　目	栏次	税额
上期留抵税额退税	22	
其他应作进项税额转出的情形	23	

三、待抵扣进项税额				
项　目	栏次	份数	金额	税额
（一）认证相符的增值税专用发票	24	—	—	—
期初已认证相符但未申报抵扣	25			
本期认证相符且本期未申报抵扣	26			
期末已认证相符但未申报抵扣	27			
其中：按照税法规定不允许抵扣	28			
（二）其他扣税凭证	29＝30至33之和			
其中：海关进口增值税专用缴款书	30			
农产品收购发票或者销售发票	31			
代扣代缴税收缴款凭证	32	—		
运输费用结算单据	33			
	34			

四、其他				
项　目	栏次	份数	金额	税额
本期认证相符的增值税专用发票	35			
代扣代缴税额	36	—	—	

表 2.52

固定资产进项税额抵扣情况表

纳税人名称（公章）：　　　　　填表日期：　年　月　日　　　　金额单位：元至角分

项　目	当期申报抵扣的固定资产进项税额	申报抵扣的固定资产进项税额累计
增值税专用发票		
海关进口增值税专用缴款书		
合　　计		

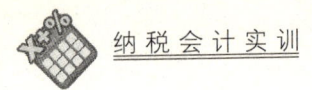

表 2.53

增值税纳税申报表

（适用于增值税一般纳税人）

根据《中华人民共和国增值税暂行条例》第二十二条和二十三条的规定制定本表。纳税人不论有无销售额，均应按主管税务机关核定的纳税期限按期填报本表，并于次月一日起十五日内，向当地税务机关申报。

税款所属时间：自　年　月　日至　年　月　日　填表日期：　年　月　日

金额单位：元（列至角分）

纳税人识别号											所属行业：	
纳税人名称	（公章）	法定代表人姓名			注册地址				营业地址			
开户银行及账号		企业登记注册类型						电话号码				

项　目		栏次	一般货物及劳务		即征即退货物及劳务	
			本月数	本年累计	本月数	本年累计
销售额	（一）按适用税率征税货物及劳务销售额	1				
	其中：应税货物销售额	2				
	应税劳务销售额	3				
	纳税检查调整的销售额	4				
	（二）按简易征收办法征税货物销售额	5				
	其中：纳税检查调整的销售额	6				
	（三）免、抵、退办法出口货物销售额	7				
	（四）免税货物及劳务销售额	8				
	其中：免税货物销售额	9				
	免税劳务销售额	10				
税款计算	销项税额	11				
	进项税额	12				
	上期留抵税额	13				
	进项税额转出	14				
	免、抵、退货物应退税额	15				
	按适用税率计算的纳税检查应补缴税额	16				
	应抵扣税额合计	17＝12＋13－14－15＋16				
	实际抵扣税额	18（如 17＜11，则为 17，否则为 11）				
	应纳税额	19＝11－18				
	期末留抵税额	20＝17－18				

（续表）

项　目		栏次	一般货物及劳务		即征即退货物及劳务	
			本月数	本年累计	本月数	本年累计
税款计算	简易征收办法计算的应纳税额	21				
	按简易征收办法计算的纳税检查应补缴税额	22				
	应纳税额减征额	23				
	应纳税额合计	24＝19＋21－23				
税款缴纳	期初未缴税额（多缴为负数）	25				
	实收出口开具专用缴款书退税额	26				
	本期已缴税额	27＝28＋29＋30＋31				
	① 分次预缴税额	28				
	② 出口开具专用缴款书预缴税额	29				
	③ 本期缴纳上期应纳税额	30				
	④ 本期缴纳欠缴税额	31				
	期末未缴税额（多缴为负数）	32＝24＋25＋26－27				
	其中：欠缴税额（≥0）	33＝25＋26－27				
	本期应补（退）税额	34＝24－28－29				
	即征即退实际退税额	35				
	期初未缴查补税额	36				
	本期入库查补税额	37				
	期末未缴查补税额	38＝16＋22＋36－37				

授权声明	如果你已委托代理人申报，请填写下列资料： 　　为代理一切税务事宜，现授权 （地址）　　　　　　　　　　为本纳税人的代理申报人，任何与本申报表有关的往来文件，都可寄予此人。 授权人签字：	申报人声明	此纳税申报表是根据《中华人民共和国增值税暂行条例》的规定填报的，我相信它是真实的、可靠的、完整的。 声明人签字：

以下由税务机关填写：

收到日期：　　　　　　　　　　接收人：　　　　　　　　　　主管税务机关盖章：

实训报告书

项目名称					
完成人姓名		专业		班级	

总结（收获）								

评价	评价标准	1. 书写	A	优秀	B	良好	C	一般
		2. 知识点掌握情况	A	优秀	B	良好	C	一般
		3. 合作沟通	A	优秀	B	良好	C	一般
	成绩评定	自我评定						
		小组评定						
		教师评定						
		项目综合成绩						

项目三 小规模纳税人增值税纳税实训

实训 3.1 小规模纳税人增值税税额的计算与核算

一、实训目标

（1）能根据业务的原始凭证，确定哪些业务应征收营业税。
（2）能计算本期应缴纳的增值税。

二、实训要求

根据实训资料，计算增值税小规模纳税人应缴纳的增值税税额。

三、操作程序

（1）根据经济业务的原始凭证填制记账凭证。
（2）根据原始凭证以及记账凭证，登记"应交税费——应交增值税"的明细账。

四、实训资料

企业名称：龙江日晟酒店有限公司（增值税小规模纳税人）
开户银行：工行黑龙江省分行黄河路支行
账　　号：620202470902456666
经营范围：住宿、餐饮、娱乐、旅游

【**业务 3.1**】 公司本月各项收入如表 3.1 所示，填制记账凭证（见表 3.2）。

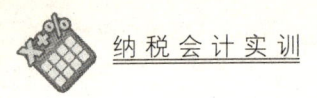

表 3.1

公司各项收入汇总表

2016 年 5 月 1 日至 5 月 31 日 　　　　　　　　　　　单位:元

项目	客房收入	餐饮收入	歌舞厅收入		旅游业务		
			点歌	烟酒水副食	业务收入	住宿费、餐费、交通费、门票等支出	净收入
现金	160 000	200 000	60 000	20 000	80 000	60 000	20 000
转账	150 000	150 000	50 000	10 000	60 000	30 000	30 000
合计	310 000	350 000	110 000	30 000	140 000	90 000	50 000

 **业务提示**

2016 年 5 月 1 日施行的《营业税改征增值税试点实施办法》,将生活服务业纳入增值税范围,划分为"文化体育服务""教育医疗服务""旅游娱乐服务""餐饮住宿服务""居民日常服务"和"其他生活服务"。

生活服务是指为满足城乡居民日常生活需求提供的各类服务活动。生活服务包括文化体育服务、教育医疗服务、旅游娱乐服务、餐饮住宿服务、居民日常服务和其他生活服务。

本业务涉及的生活服务属于旅游娱乐服务和餐饮住宿服务。

其中,旅游娱乐服务,包括旅游服务和娱乐服务。

(1) 旅游服务是指根据旅游者的要求,组织安排交通、游览、住宿、餐饮、购物、文娱、商务等服务的业务活动。

(2) 娱乐服务是指为娱乐活动同时提供场所和服务的业务。娱乐服务具体包括:歌厅、舞厅、夜总会、酒吧、台球、高尔夫球、保龄球、游艺(包括射击、狩猎、跑马、游戏机、蹦极、卡丁车、热气球、动力伞、射箭、飞镖)。

餐饮住宿服务包括餐饮服务和住宿服务。

(1) 餐饮服务是指通过同时提供饮食和饮食场所的方式为消费者提供饮食消费服务的业务活动。

(2) 住宿服务是指提供住宿场所及配套服务等的活动。住宿服务包括宾馆、旅馆、旅社、度假村和其他经营性住宿场所提供的住宿服务。

营改增之后,包括餐饮业、旅游业、酒店业、娱乐业等在内的生活服务业税率由原来5% 的营业税税率改为:一般增值税纳税人采用 6% 的税率,小规模纳税人采用 3% 的征收率。

表 3.2

记 账 凭 证

字第　　号

年　　月　　日

摘　　　要	总账科目	明细科目	借　　　方										贷　　　方										√
			千	百	十	万	千	百	十	元	角	分	千	百	十	万	千	百	十	元	角	分	
附件　　张		合　　　计																					

附单据　张

财会主管：　　　记账：　　　出纳：　　　复核：　　　制单：

【业务 3.2】　销售不动产。原始凭证如表 3.3 至表 3.5 所示，填制记账凭证（见表 3.6 至表 3.9）。

表 3.3

固定资产出售合同

甲方：龙江日晟酒店有限公司
乙方：金力有色金属有限公司

　　经甲乙双方友好协商，就甲方向乙方出售固定资产达成如下协议。

一、甲方于 2016 年 5 月 20 日向乙方出售　　**附属建筑用房（共计 2 000 平方米）**

出售固定资产合计人民币　　¥680 000.00 元　人民币（大写）**陆拾捌万元整**

二、乙方支付运输费等相关其他费用

三、甲方必须保证固定资产能达到可使用状态

　　本合同甲方双方各持一份，如有异议，另签补充协议。

甲方：龙江日晟酒店有限公司　　　　　乙方：金力有色金属有限公司

法定代表：（签名）　李明　　　　　　法定代表：（签名）　王红

日期：2016 年 5 月 20 日　　　　　　日期：2016 年 5 月 20 日

表 3.4

固定资产调拨单

2016年5月20日

金额单位：元

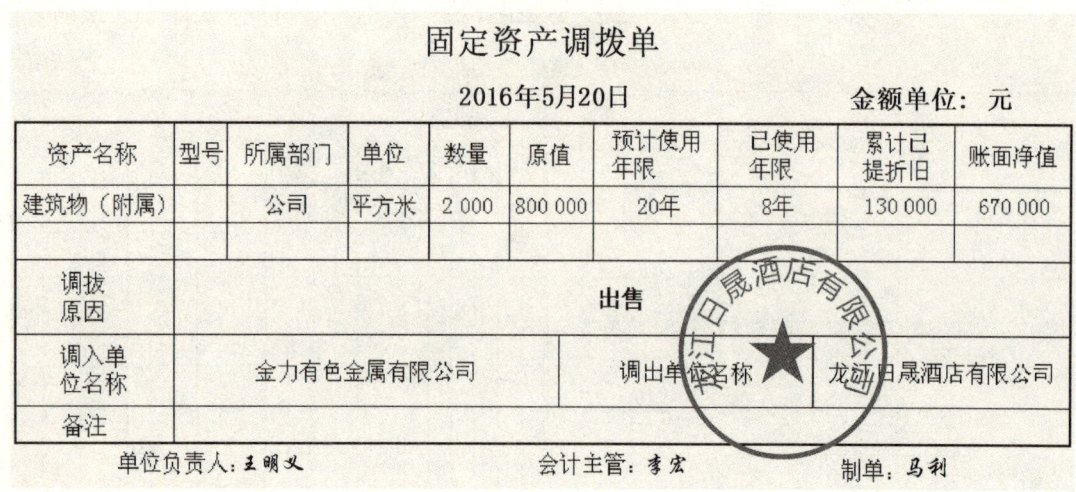

资产名称	型号	所属部门	单位	数量	原值	预计使用年限	已使用年限	累计已提折旧	账面净值
建筑物（附属）		公司	平方米	2 000	800 000	20年	8年	130 000	670 000

调拨原因	出售				
调入单位名称	金力有色金属有限公司		调出单位名称	龙江日晟酒店有限公司	
备注					

单位负责人：王明义　　　　　会计主管：李宏　　　　　制单：马利

表 3.5

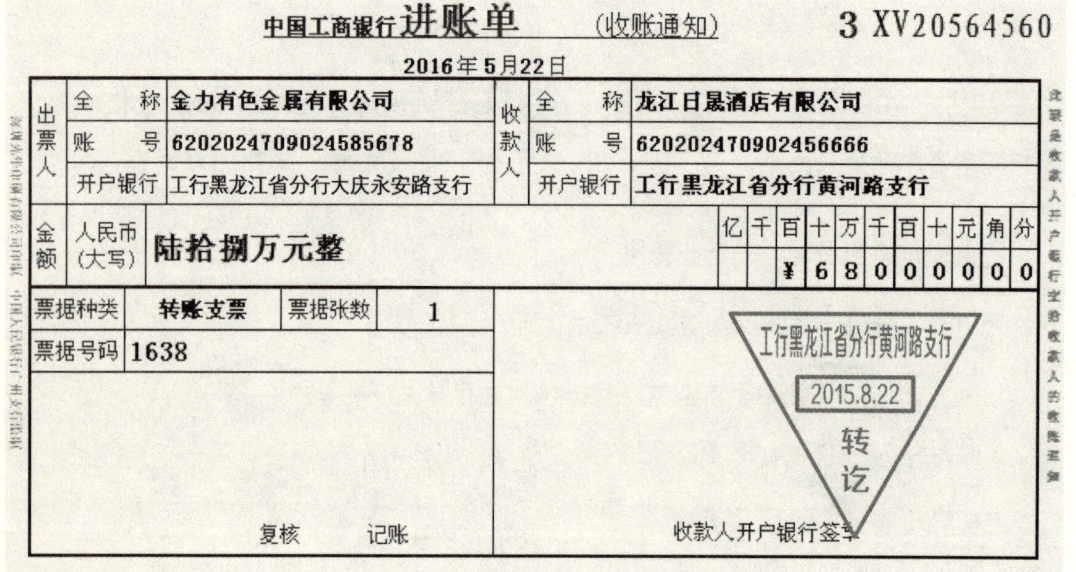

中国工商银行 **进账单**		(收账通知)			3 XV20564560										
2016年5月22日															

出票人	全称	金力有色金属有限公司	收款人	全称	龙江日晟酒店有限公司
	账号	6202024709024585678		账号	620202470902456666
	开户银行	工行黑龙江省分行大庆永安路支行		开户银行	工行黑龙江省分行黄河路支行

金额	人民币（大写）	陆拾捌万元整	亿	千	百	十	万	千	百	十	元	角	分
					¥	6	8	0	0	0	0	0	0

票据种类	转账支票	票据张数	1	
票据号码	1638			

工行黑龙江省分行黄河路支行
2015.8.22
转讫

复核　　　记账　　　　　　　　收款人开户银行签章

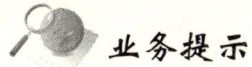 **业务提示**

《营业税改征增值税试点实施办法》规定,销售不动产是指转让不动产所有权的业务活动。不动产是指不能移动或者移动后会引起性质、形状改变的财产,包括建筑物、构筑物等。

转让建筑物有限产权或者永久使用权的,转让在建的建筑物或者构筑物所有权的,以及在转让建筑物或者构筑物时一并转让其所占土地的使用权的,按照销售不动产缴纳增值税。

小规模纳税人销售其取得(不含自建)的不动产(不含个体工商户销售购买的住房和其他个人销售不动产),应以取得的全部价款和价外费用减去该项不动产购置原价或者取得不动产时的作价后的余额为销售额,按照5‰的征收率计算应纳税额。纳税人应按照上述计税方法在不动产所在地预缴税款后,向机构所在地主管税务机关进行纳税申报。

小规模纳税人销售其自建的不动产,应以取得的全部价款和价外费用为销售额,按照5‰的征收率计算应纳税额。纳税人应按照上述计税方法在不动产所在地预缴税款后,向机构所在地主管税务机关进行纳税申报。

表3.6

记 账 凭 证

字第 号

年 月 日

摘 要	总账科目	明细科目	借 方										贷 方										√
			千	百	十	万	千	百	十	元	角	分	千	百	十	万	千	百	十	元	角	分	
附件 张	合 计																						

附单据 张

财会主管: 记账: 出纳: 复核: 制单:

表 3.7

记 账 凭 证

字第　　　号

年　　月　　日

摘　　　要	总账科目	明细科目	借　　方										贷　　方										√
			千	百	十	万	千	百	十	元	角	分	千	百	十	万	千	百	十	元	角	分	
附件　　张	合　　计																						

财会主管:　　　　记账:　　　　出纳:　　　　复核:　　　　制单:

附单据　张

表 3.8

记 账 凭 证

字第　　　号

年　　月　　日

摘　　　要	总账科目	明细科目	借　　方										贷　　方										√
			千	百	十	万	千	百	十	元	角	分	千	百	十	万	千	百	十	元	角	分	
附件　　张	合　　计																						

财会主管:　　　　记账:　　　　出纳:　　　　复核:　　　　制单:

附单据　张

表3.9

记 账 凭 证

字第　　号

年　月　日

摘　　　要	总账科目	明细科目	借　方										贷　方										√
			千	百	十	万	千	百	十	元	角	分	千	百	十	万	千	百	十	元	角	分	
附件　　张	合　　　计																						

附单据　　张

财会主管：　　　　记账：　　　　出纳：　　　　复核：　　　　制单：

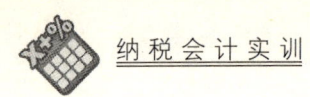

根据[业务 3.1]和[业务 3.2]填制"应交税费——应交营业税"明细账，如表 3.10 所示。

表 3.10

"应交税费——应交增值税"明细账

总第　页
分第　页

年		记账凭证号	摘　要	页数	借　方	√	贷　方	借贷贷	金　额
月	日								

实训 3.2　小规模纳税人增值税纳税申报

一、实训目标

（1）能根据业务填制增值税的纳税申报表及其相关附表。

（2）能进行增值税应纳税额的缴纳工作。

二、实训要求

根据实训 4.1 资料的原始凭证和账簿资料，填制增值税纳税申报表及其相关附表。

三、操作程序

填写适用于小规模纳税人的《增值税纳税申报表》及附列资料。

四、实训资料

适用于小规模纳税人的《增值税纳税申报表》及附列资料如表 3.11～表 3.12 所示。

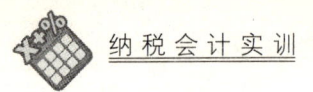

表 3.11

增值税纳税申报表

(小规模纳税人适用)

纳税人识别号：□□□□□□□□□□□□□□□□□□□□

纳税人名称(公章)：　　　　　　　　　　　　　　　　　　金额单位：元至角分

税款所属期：　年　月　日至　年　月　日　　　　　填表日期：　年　月　日

项　目	栏次	本期数		本年累计	
		货物及劳务	服务、不动产和无形资产	货物及劳务	服务、不动产和无形资产
一、计税依据　(一)应征增值税不含税销售额	1				
税务机关代开的增值税专用发票不含税销售额	2				
税控器具开具的普通发票不含税销售额	3				
(二)销售、出租不动产不含税销售额	4	—		—	
税务机关代开的增值税专用发票不含税销售额	5	—		—	
税控器具开具的普通发票不含税销售额	6	—		—	
(三)销售使用过的固定资产不含税销售额	7(7≥8)		—		—
其中:税控器具开具的普通发票不含税销售额	8		—		—
二、税款计算　(四)免税销售额	9=10+11+12				
其中:小微企业免税销售额额	10				
未达起征点销售额	11				
其他免税销售额	12				
(五)出口免税销售额	13(13≥14)				
其中:税控器具开具的普通发票销售额	14				

纳税人或代理人声明：　本纳税申报表是根据国家税收法律法规及相关规定填报的,我确定它是真实的、可靠的、完整的。	如纳税人填报,由纳税人填写以下各栏:	
	办税人员：　　　　　　财务负责人：	
	法定代表人：　　　　　联系电话：	
	如委托代理人填报,由代理人填写以下各栏:	
	代理人名称(公章)：　　　　经办人：　　　　　　　　　　　　　　　　　联系电话：	

主管税务机关：　　　　　　　接收人：　　　　　　　　接收日期：

表 3.12

增值税纳税申报表(小规模纳税人适用)附列资料

税款所属期: 年 月 日至 年 月 日   填表日期: 年 月 日

纳税人名称(公章):   金额单位:元至角分

服务扣除额计算			
期初余额	本期发生额	本期扣除额	期末余额
1	2	3(3≤1+2之和,且3≤5)	4=1+2-3
计税销售额计算			
全部含税收入	本期扣除额	含税销售额	不含税销售额
5	6=3	7=5-6	8=7÷1.03

实 训 报 告 书

项目名称					
完成人姓名		专业		班级	

<table>
<tr><td rowspan="2">总　　结（收获）</td><td colspan="5"></td></tr>
<tr><td colspan="5"></td></tr>
</table>

评价	评价标准	1. 书写	A	优秀	B	良好	C	一般
		2. 知识点掌握情况	A	优秀	B	良好	C	一般
		3. 合作沟通	A	优秀	B	良好	C	一般
	成绩评定	自我评定						
		小组评定						
		教师评定						
		项目综合成绩						

项目四　消费税纳税实训

实训 4.1　消费税税额的计算与核算

一、实训目标

（1）能根据业务的原始凭证，确定哪些业务应征收消费税。
（2）能计算本期应缴纳的消费税。

二、实训要求

根据实训资料，计算应缴纳的消费税税额。

三、操作程序

（1）根据经济业务的原始凭证填制记账凭证。
（2）根据原始凭证以及记账凭证，登记"应交税费——应交消费税"的明细账。

四、实训资料

企业名称：龙江商品贸易有限公司
开户银行：工行黑龙江省分行开明友谊路支行
账　　号：6202024709024566666
纳税人识别号：230112201222012
主管国税机关：开明市国家税务局
主管地税机关：开明市地方税务局
经营地址：黑龙江省开明市友谊路 30 号
电　　话：0416—84623456

【业务 4.1】　销售啤酒。原始凭证如表 4.1 至表 4.4 所示，填制记账凭证（见表 4.5 至表 4.7）。

表 4.1

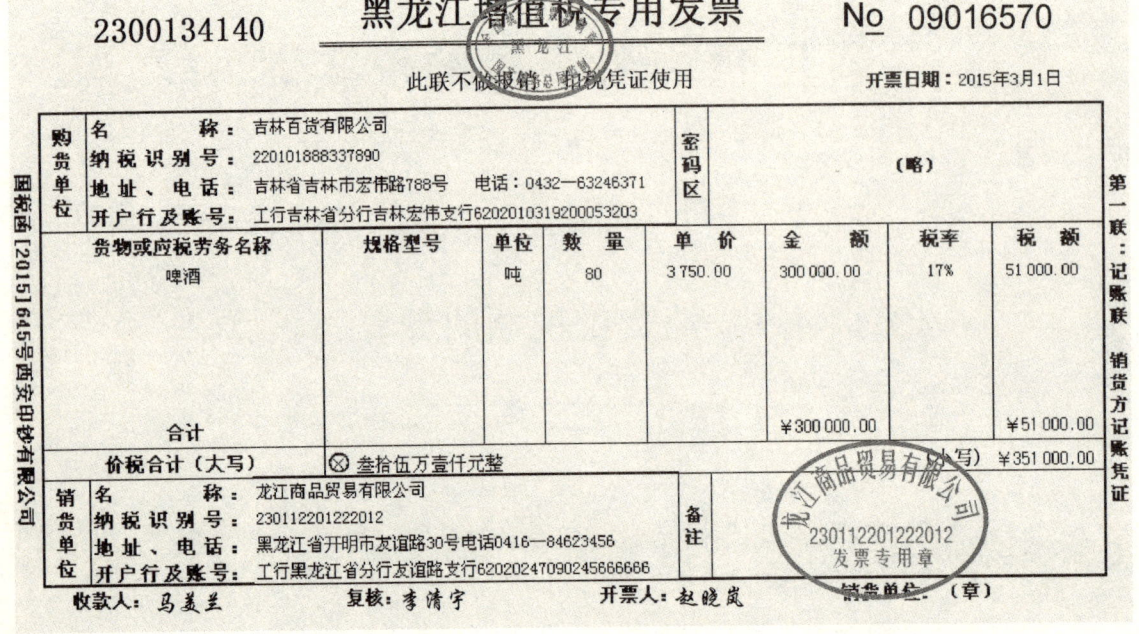

2300134140	黑龙江增值税专用发票					No 09016570		
	此联不做报销、扣税凭证使用					开票日期：2015年3月1日		

购货单位
名　　称：吉林百货有限公司
纳税识别号：220101888337890
地址、电话：吉林省吉林市宏伟路788号　电话：0432—63246371
开户行及账号：工行吉林省分行吉林宏伟支行6202010319200053203

密码区　（略）

货物或应税劳务名称	规格型号	单位	数量	单价	金额	税率	税额
啤酒		吨	80	3 750.00	300 000.00	17%	51 000.00
合计					¥300 000.00		¥51 000.00

价税合计（大写）　⊗ 叁拾伍万壹仟元整　　（小写）¥351 000.00

销货单位
名　　称：龙江商品贸易有限公司
纳税识别号：230112201222012
地址、电话：黑龙江省开明市友谊路30号电话0416—84623456
开户行及账号：工行黑龙江省分行友谊路支行62020247090245666666

备注

230112201222012
发票专用章

收款人：马美兰　　　复核：李清宇　　　开票人：赵晓岚　　　销货单位：（章）

第一联：记账联　销货方记账凭证

表 4.2

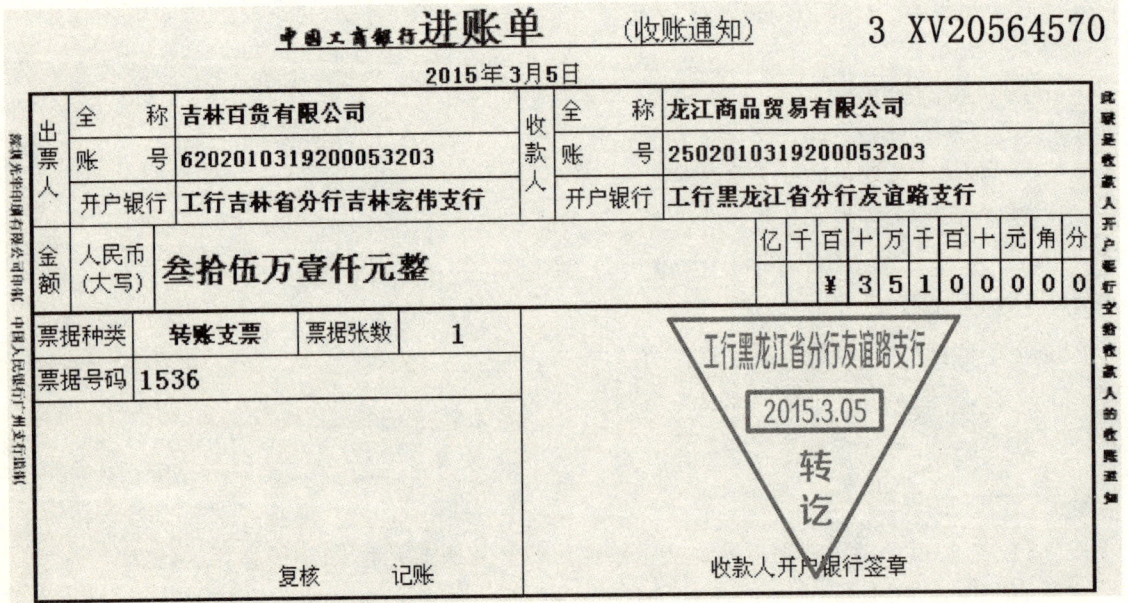

中国工商银行 进账单　（收账通知）　3 XV20564570

2015年3月5日

出票人	全　称	吉林百货有限公司	收款人	全　称	龙江商品贸易有限公司
	账　号	6202010319200053203		账　号	2502010319200053203
	开户银行	工行吉林省分行吉林宏伟支行		开户银行	工行黑龙江省分行友谊路支行

金额	人民币（大写）　叁拾伍万壹仟元整	亿	千	百	十	万	千	百	十	元	角	分
				¥	3	5	1	0	0	0	0	0

票据种类	转账支票	票据张数	1
票据号码	1536		

工行黑龙江省分行友谊路支行
2015.3.05
转讫

复核　　记账　　　　收款人开户银行签章

表4.3

产品出库单   No 08029370

提货部门：   日期：2015 年 3 月 1 日

产品编号	产品名称	产品规格	单位	出库数量	单价(元)	金额(元)	备注
	啤酒		吨	80	2 875.00	230 000.00	
合　计				80		￥230 000.00	

第三联 交财务

部门主管：杨绕元　　　　　　　　发货人：杨顺周　　　　　　　　提货人：郭景川

表4.4

应纳税额计算

纳税人：　　　　　　　　　年　月　日　　　　　　　金额单位：元

项　目	纳税依据	纳税收入	纳税数量(吨)	适用税率	应纳金额
销售啤酒	消费税			250 元/吨	
	增值税			17%	
合　计					

主管：　　　　　　　　　　　复核：　　　　　　　　　　　　制表：

 **业务提示**

1. 增值税与消费税的区别

(1) 两者范围不同：增值税广泛征收，消费税限定在特定消费品。

(2) 两者的价格关系不同：增值税是价外税，消费税是价内税。

(3) 两者的纳税环节不同：消费税是单一环节征收，增值税是在流转环节道道征收。

(4) 两种的计税方法不同：增值税按照两类纳税人来计算，消费税根据应税消费品来计算。

2. 增值税与消费税的联系

(1) 两者都对货物(有形动产)征收。

(2) 一般而言，在征收消费税的同时要征收增值税；但是，反之不是如此。

(3) 对于从价定率征收消费税的商品，两者计税依据是一致的。

表 4.5

记 账 凭 证

年　　月　　日

摘　　　要	总账科目	明细科目	借　方											贷　方											√
			千	百	十	万	千	百	十	元	角	分	千	百	十	万	千	百	十	元	角	分	
附件　　张		合　　　计																						

财会主管：　　　　记账：　　　　出纳：　　　　复核：　　　　制单：

附单据　　张

表 4.6

记 账 凭 证

年　　月　　日

摘　　　要	总账科目	明细科目	借　方											贷　方											√
			千	百	十	万	千	百	十	元	角	分	千	百	十	万	千	百	十	元	角	分	
附件　　张		合　　　计																						

财会主管：　　　　记账：　　　　出纳：　　　　复核：　　　　制单：

附单据　　张

表4.7

记账凭证

字第　　号

年　　月　　日

摘　　要	总账科目	明细科目	借　方										贷　方										√
			千	百	十	万	千	百	十	元	角	分	千	百	十	万	千	百	十	元	角	分	
附件　　张		合　　计																						

财会主管:　　　　记账:　　　　出纳:　　　　复核:　　　　制单:

附单据　张

【业务4.2】 将一批自产啤酒10吨,无偿提供给某啤酒节,市场无同类产品售价。原始凭证如表4.8至表4.9所示,填制记账凭证(见表4.10)。

表4.8

产品出库单

No 08029371

提货部门:

日期:2015年3月5日

产品编号	产品名称	产品规格	单位	出库数量	单价(元)	金额(元)	备注
	啤酒		吨	10	1 000.00	10 000.00	
合　　计				10		¥10 000.00	

部门主管:杨统元　　　　发货人:杨顺周　　　　提货人:郑景川

第三联　交财务

表4.9

应纳税额计算

纳税人：　　　　　　　　　　年　月　日　　　　　　　　　　　单位:元

项　目	纳税依据	纳税收入	适用税率	应纳金额
商用客车 用于公益	增值税		17%	
	消费税			
	城建税		5%	
	教育费附加		3%	
合　计				

主管：　　　　　　　　　　　复核：　　　　　　　　　　　制表：

业务提示

视同销售应税消费品有如下规定:将自产应税消费品用于生产非应税消费品和在建工程、管理部门、非生产机构,以及用于馈赠、赞助集资、广告、样品、职工福利、奖励等其他用途,视同销售。

(1) 实行从价计税应税消费品应按下列顺序确定消费品价格:①按纳税人当月同类货物的平均销售价格确定;②按纳税人最近时期同类货物的平均销售价格确定;③按组成计税价格确定:

组成计税价格＝成本×(1＋成本利润率)÷(1－消费税税率)
　　　　　　＝成本＋利润＋消费税

(2) 实行从量计税的应税消费品视同销售,直接按计税数量计算消费税。

(3) 实行复合计税应税消费品视同销售的组成计税价格确定。

组成计税价格＝(成本＋利润＋销售数量×定额税率)÷(1－比例税率)

表4.10

记 账 凭 证

字第　号

年　月　日

摘　　要	总账科目	明细科目	借　　方 千百十万千百十元角分	贷　　方 千百十万千百十元角分	√
附件　张	合　　计				

附单据张

财会主管：　　　　记账：　　　　出纳：　　　　复核：　　　　制单：

【业务 4.3】 销售粮食白酒,包装物单独计价。原始凭证如表 4.11 和表 4.12 所示,填制记账凭证(见表 4.13 和表 4.14)。

表 4.11

黑龙江增值税专用发票

2300134140

此联不做报销、扣税凭证使用

No 09016572

开票日期:2015年3月6日

购货单位	名　　　称:吉林百货有限公司
	纳税识别号:220101888337890
	地址、电话:吉林省吉林市宏伟路788号　电话:0432-63246371
	开户行及账号:工行吉林省分行吉林宏伟支行6202010319200053203

密码区 (略)

货物或应税劳务名称	规格型号	单位	数量	单　价	金　　额	税率	税　额
白酒		吨	10	4 000.00	40 000.00	17%	6 800.00
塑料桶		个	10	100.00	1 000.00	17%	170.00
合计					￥41 000.00		￥6 970.00

价税合计(大写)	⊗ 肆万柒仟玖佰柒拾元整	(小写)	￥47 970.00

销货单位	名　　　称:龙江商品贸易有限公司
	纳税识别号:230112201222012
	地址、电话:黑龙江省开明市友谊路30号电话0416-84623456
	开户行及账号:工行黑龙江省分行友谊路支行6202024709024566666

备注

收款人:马美兰　　复核:李清宇　　开票人:赵晓岚　　销货单位:(章)

第一联:记账联 销货方记账凭证

国税函[2015]645号西安印抄有限公司

表 4.12

应纳税额计算表

纳税人:　　　　　　　年　月　日　　　　　　　　单位:元

项　目	纳税依据	纳税收入	适用税率	纳税数量	适用税率	应纳金额
销售白酒,包装物单价计价	白酒消费税		20%			
	白酒增值税		17%			
	包装物消费税		20%			
	包装物增值税		17%			
合　计						

主管:　　　　　　　　　复核:　　　　　　　　　制表:

 **业务提示**

包装物销售收入:实行从价定率办法计算应纳税额的应税消费品连同包装物销售的,无论包装物是否单独计价以及在会计上如何核算,均应随同应税消费品销售收入一并缴纳增值税和消费税。

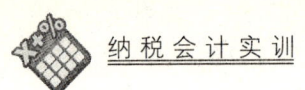

表 4.13

记 账 凭 证

字第　　号

年　　月　　日

摘　　要	总账科目	明细科目	借　　方										贷　　方										√
			千	百	十	万	千	百	十	元	角	分	千	百	十	万	千	百	十	元	角	分	
附件　　张	合　　计																						

附单据　　张

财会主管：　　　　记账：　　　　出纳：　　　　复核：　　　　制单：

表 4.14

记 账 凭 证

字第　　号

年　　月　　日

摘　　要	总账科目	明细科目	借　　方										贷　　方										√
			千	百	十	万	千	百	十	元	角	分	千	百	十	万	千	百	十	元	角	分	
附件　　张	合　　计																						

附单据　　张

财会主管：　　　　记账：　　　　出纳：　　　　复核：　　　　制单：

【业务 4.4】　销售化妆品。原始凭证如表 4.15 至表 4.18 所示,填制记账凭证(见表 4.20 至表 4.22)。

表 4.15

黑龙江增值税专用发票

2300134140

No 09016573

此联不做报销 抵税凭证使用

开票日期:2015年3月15日

购货单位	名　　称：吉林百货有限公司 纳税识别号：220101888337890 地址、电话：吉林省吉林市宏伟路788号　电话：0432—63246371 开户行及账号：工行吉林省分行吉林宏伟支行6202010319200053203				密码区	(略)		
货物或应税劳务名称	规格型号	单位	数　量	单　价	金　　额	税率	税　额
化妆品		盒	200	150.00	30 000.00	17%	5 100.00
合计					¥30 000.00		¥5 100.00
价税合计(大写)	⊗ 叁万伍仟壹佰元整						¥35 100.00
销货单位	名　　称：龙江商品贸易有限公司 纳税识别号：230112201222012 地址、电话：黑龙江省开明市友谊路30号电话0416—84623456 开户行及账号：工行黑龙江省分行友谊路支行62020247090245666666				备注	龙江商品贸易有限公司 230112201222012 发票专用章 销货单位：(章)		

第一联:记账联　销货方记账凭证

国税函 [2015]645号西安印钞有限公司

收款人:马美兰　　　　复核:李清宇　　　　开票人:赵晓岚

表 4.16

产品出库单

No 08029374

提货部门:

日期:2015 年 3 月 15 日

产品编号	产品名称	产品规格	单位	出库数量	单价(元)	金额(元)	备注
	化妆品		盒	200	90.00	18 000.00	
合计				200		¥18 000.00	

第三联　交财务

部门主管:杨镜元　　　　　　发货人:杨顺周　　　　　　提货人:郑景川

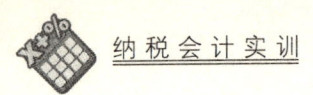

表 4.17

收款收据　　No. 01894635

客户名称：**吉林百货有限公司**　　填制日期：**2015 年 3 月 15 日**

项　　　目	数量	单位	单价	金　　额							备　注
				万	千	百	十	元	角	分	
包装物押金					4	0	0	0	0	0	
			现金收讫								
合计人民币（大写）　零 万 肆 仟 零 佰 零 拾 零 元 零 角 零 分					4	0	0	0	0	0	

主管：金庆喜　　复核：回广捷　　收款人：赵玲玲　　收款单位盖章

（印章：龙江商品贸易有限公司财务专用章）

（第三联　交财务）

表 4.18

应纳税额计算表

纳税人：　　　　　　　　　　年　月　日　　　　　　　　　　单位：元

项　　目	纳税依据	纳税收入	适用税率	应纳金额
对外销售化妆品	消费税		30%	
合　计				

主管：　　　　　　　　　　复核：　　　　　　　　　　制表：

 **业务提示**

包装物押金流转税征收的法律规定如表 4.19 所示。

表 4.19

包装物押金流转税征收的法律规定

流转税		增值税		消费税	
包装产品种类		收到押金时	逾期时	收到押金时	逾期时
非酒类产品		不征	征收	不征	征收
酒类产品	黄酒、啤酒	不征	征收	不征	不征
	除黄酒、啤酒外的其他酒	征收	不征	征收	不征

表 4.20

记 账 凭 证

字第　　号

年　　月　　日

摘　　要	总账科目	明细科目	借　　方										贷　　方										√
			千	百	十	万	千	百	十	元	角	分	千	百	十	万	千	百	十	元	角	分	
附件　　张	合　　计																						

附单据　　张

财会主管：　　　　记账：　　　　出纳：　　　　复核：　　　　制单：

表 4.21

记 账 凭 证

字第　　号

年　　月　　日

摘　　要	总账科目	明细科目	借　　方										贷　　方										√
			千	百	十	万	千	百	十	元	角	分	千	百	十	万	千	百	十	元	角	分	
附件　　张	合　　计																						

附单据　　张

财会主管：　　　　记账：　　　　出纳：　　　　复核：　　　　制单：

表 4.22

记账凭证

字第　号

年　月　日

摘　要	总账科目	明细科目	借　方										贷　方										✓
			千	百	十	万	千	百	十	元	角	分	千	百	十	万	千	百	十	元	角	分	
附件　张		合　计																					

附单据　张

财会主管：　　　　记账：　　　　出纳：　　　　复核：　　　　制单：

【业务 4.5】 销售甲类卷烟。原始凭证如表 4.23 和表 4.24 所示，填制记账凭证（见表 4.25 至表 4.26）。

表 4.23

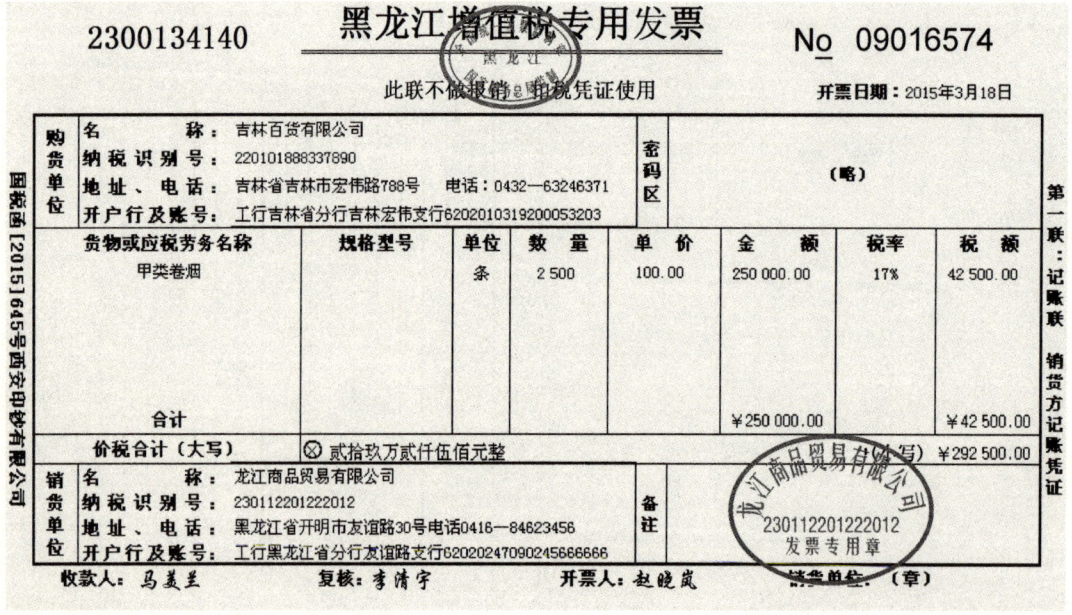

				黑龙江增值税专用发票			No 09016574		

2300134140

此联不做报销、抵税凭证使用　　　　开票日期：2015年3月18日

购货单位	名　称：吉林百货有限公司				密码区	（略）			
	纳税识别号：220101888337890								
	地址、电话：吉林省吉林市宏伟路788号　电话：0432—63246371								
	开户行及账号：工行吉林省分行吉林宏伟支行6202010319200053203								
货物或应税劳务名称	规格型号	单位	数量	单价	金　额		税率	税　额	
甲类卷烟		条	2 500	100.00	250 000.00		17%	42 500.00	
合　计					￥250 000.00			￥42 500.00	
价税合计（大写）	⊗ 贰拾玖万贰仟伍佰元整							￥292 500.00	
销货单位	名　称：龙江商品贸易有限公司				备注				
	纳税识别号：230112201222012								
	地址、电话：黑龙江省开明市友谊路30号电话0418—84623456								
	开户行及账号：工行黑龙江省分行友谊路支行6202024709024566666								

收款人：马美兰　　　　复核：李清宇　　　　开票人：赵晓岚　　　　销货单位：（章）

第一联：记账联　销货方记账凭证

表 4.24

应纳税额计算表

纳税人：　　　　　　　　　　年　月　日　　　　　　　　　　单位:元

项　目	纳税依据	纳税收入	适用税率	应纳金额
对外销售卷烟	从价税			
	从量税			
合　计				

主管：　　　　　　　　　复核：　　　　　　　　　制表：

 **业务提示**

　　卷烟的计税标准为:每标准条计税价格大于或等于70元,按56%的税率计算;每标准条计税价格小于70元,按36%的税率计算;标准条是指按照200支/条的标准进行包装的卷烟。

　　卷烟应纳消费税＝销售数量×定额税率＋销售额×比例税率

表 4.25

记 账 凭 证　　　　字第　　号

年　月　日

摘　要	总账科目	明细科目	借　方										贷　方										√
			千	百	十	万	千	百	十	元	角	分	千	百	十	万	千	百	十	元	角	分	
附件　张	合　计																						

附单据　张

财会主管：　　　　记账：　　　　出纳：　　　　复核：　　　　制单：

表 4.26

记 账 凭 证

字第　　号

年　　月　　日

摘　　要	总账科目	明细科目	借　方										贷　方										√
			千	百	十	万	千	百	十	元	角	分	千	百	十	万	千	百	十	元	角	分	
附件　　张		合　　计																					

附单据　张

财会主管：　　　记账：　　　出纳：　　　复核：　　　制单：

【业务 4.6】 将一批自产的化妆品用于职工福利,这批化妆品没有同类产品价格,成本 20 000 元,成本利润率为 5%。原始凭证如表 4.27 所示,填制记账凭证(见表 4.28 和表 4.29)。

表 4.27

产 品 出 库 单

No 08029375

提货部门：

日期:2015 年 3 月 20 日

产品编号	产品名称	产品规格	单位	出库数量	单价(元)	金额(元)	备注
	化妆品		套	100	200.00	20 000.00	
合计				100		￥20 000.00	

第三联　交财务

部门主管:杨统元　　　发货人:杨顺周　　　提货人:郑景川

表 4.28

记 账 凭 证

字第　　号

年　　月　　日

摘　　要	总账科目	明细科目	借　　方									贷　　方									√
			千	百	十	万	千	百	十	元	角	分	千	百	十	万	千	百	十	元	角	分	
附件　　张		合　　计																				

财会主管：　　　　记账：　　　　出纳：　　　　复核：　　　　制单：

附单据　　张

表 4.29

记 账 凭 证

字第　　号

年　　月　　日

摘　　要	总账科目	明细科目	借　　方									贷　　方									√
			千	百	十	万	千	百	十	元	角	分	千	百	十	万	千	百	十	元	角	分	
附件　　张		合　　计																				

财会主管：　　　　记账：　　　　出纳：　　　　复核：　　　　制单：

附单据　　张

【业务4.7】 委托加工黄酒。原始凭证如表4.30至表4.35所示,填制记账凭证(见表4.36至表4.38)。

表 4.30

领料单   No 08029376

领料用途:委托加工黄酒　　　　　　　　　　　　　　日期:2015 年 3 月 21 日

材料编号	材料名称	材料规格	单位	出库数量	单价(元)	金额(元)	备注
	小米		吨	1	30 000.00	30 000.00	
	小麦		吨	1	20 000.00	20 000.00	
	玉米		吨	1	10 000.00	10 000.00	
合　　计				3		¥60 000.00	

部门主管:杨统元　　　　　　　发货人:杨顺周　　　　　　　提货人:郑景川

第三联　交财务

表 4.31

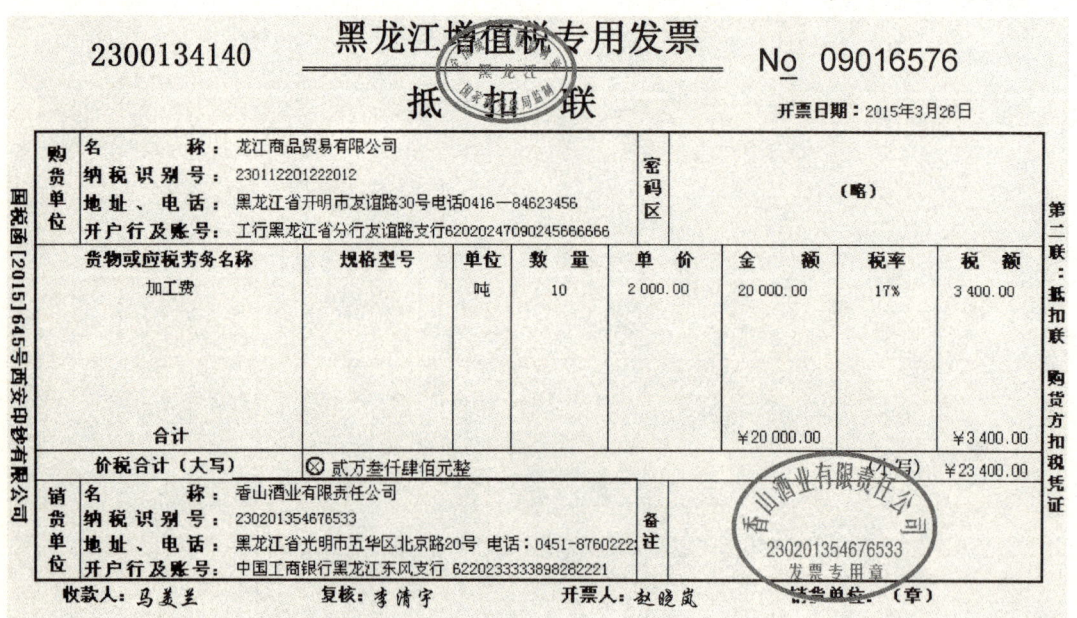

2300134140	黑龙江增值税专用发票			No 09016576			
	抵 扣 联			开票日期:2015年3月26日			

购货单位	名　称: 龙江商品贸易有限公司 纳税识别号:230112201222012 地址、电话:黑龙江省开明市友谊路30号电话0416—84623456 开户行及账号:工行黑龙江省分行友谊路支行62020247090245666666			密码区	(略)		
货物或应税劳务名称	规格型号	单位	数量	单 价	金 额	税率	税 额
加工费		吨	10	2 000.00	20 000.00	17%	3 400.00
合计					¥20 000.00		¥3 400.00
价税合计(大写)	⊗ 贰万叁仟肆佰元整				(小写)		¥23 400.00
销货单位	名　称: 香山酒业有限责任公司 纳税识别号:230201354676533 地址、电话:黑龙江省光明市五华区北京路20号 电话0451-87602222 开户行及账号:中国工商银行黑龙江东风支行6220233333898282221			备注			

国税函[2015]645号西安印钞有限公司

收款人:马美兰　　　复核:李清宇　　　开票人:赵晓岚　　　销货单位:(章)

第二联:抵扣联　购货方扣税凭证

230201354676533
发票专用章

表 4.32

2300134140	黑龙江增值税专用发票				No 09016576			
	发 票 联				开票日期：2015年3月26日			

购货单位	名　　称： 龙江商品贸易有限公司				密码区	（略）		
	纳税识别号： 230112201222012							
	地址、电话： 黑龙江省开明市友谊路30号电话0416－84623456							
	开户行及账号： 工行黑龙江省分行友谊路支行62020247090245666666							

货物或应税劳务名称	规格型号	单位	数量	单价	金　额	税率	税　额
加工费		吨	10	2 000.00	20 000.00	17%	3 400.00
合　计					￥20 000.00		￥3 400.00
价税合计（大写）　⊗ 贰万叁仟肆佰元整					（小写）　￥23 400.00		

销货单位	名　　称： 香山酒业有限责任公司	备注	
	纳税识别号： 230201354676533		
	地址、电话： 黑龙江省光明市五华区北京路20号　电话：0451-87602222		
	开户行及账号： 中国工商银行黑龙江东风支行 6220233333898282221		

收款人：马美兰　　　　　　复核：李清宇　　　　　　开票人：赵晓岚　　　　　　销货单位：（章）

表 4.33

中国工商银行
支票存根
10205330
01237807

附加信息
_____
_____
_____

出票日期 2015 年 3 月 26 日

收款人：	香山酒业有限责任公司
金　额：	￥23 400.00
用　途：	加工费

单位主管　　　　会计

表 4.34

中国工商银行
支票存根
10205330
01237808

附加信息
_____
_____
_____

出票日期 2015 年 3 月 26 日

收款人：	香山酒业有限责任公司
金　额：	￥2 400.00
用　途：	支付代缴消费税

单位主管　　　　会计

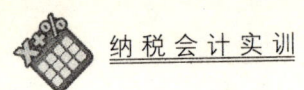

表4.35

应纳税额计算

纳税人：　　　　　　　　　　　年　月　日　　　　　　　　　　单位:元

项　目	纳税依据	纳税收入	纳税数量	适用税率	应纳金额
委托加工黄酒	加工环节的增值税			17%	
	加工环节的消费税			240元/吨	
合　计					

主管：　　　　　　　　　　　复核：　　　　　　　　　　　制表：

 **业务提示**

委托加工应税消费品的计税规定：

(1) 受托方有生产同类消费品的,应按受托方同类消费品的加权平均销售价格计税。

(2) 受托方没有生产同类消费品的,按组成计税价格计税。

组成计税价格＝(材料成本＋加工费)÷(1—消费税率)

委托加工消费品应纳消费税＝组成计税价格×税率

(3) 委托方将委托加工的应税消费品收回后直接出售的,不再征收消费税。

(4) 收回后用于连续生产应税消费品的,准予从应纳消费税税额中按当期生产领用数量计算扣除委托加工收回的应税消费品已纳消费税税款,准予扣除项目与外购已税产品相同。

表4.36

记 账 凭 证

字第　　号

年　月　日

摘　　要	总账科目	明细科目	借　　方										贷　　方									✓
			千	百	十	万	千	百	十	元	角	分	千	百	十	万	千	百	十	元	角	分
附件　张	合　　计																					

附单据张

财会主管：　　　　　记账：　　　　　出纳：　　　　　复核：　　　　　制单：

表 4.37

记　账　凭　证

字第　　号

年　　月　　日

摘　　要	总账科目	明细科目	借　方										贷　方										√
			千	百	十	万	千	百	十	元	角	分	千	百	十	万	千	百	十	元	角	分	
附件　　张	合　　计																						

财会主管：　　　　记账：　　　　出纳：　　　　复核：　　　　制单：

附单据　张

表 4.38

记　账　凭　证

字第　　号

年　　月　　日

摘　　要	总账科目	明细科目	借　方										贷　方										√
			千	百	十	万	千	百	十	元	角	分	千	百	十	万	千	百	十	元	角	分	
附件　　张	合　　计																						

财会主管：　　　　记账：　　　　出纳：　　　　复核：　　　　制单：

附单据　张

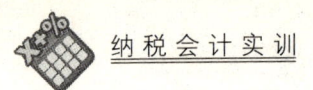

表 4.39

记 账 凭 证

字第　　号

年　　月　　日

摘　　要	总账科目	明细科目	借　方										贷　方										√
			千	百	十	万	千	百	十	元	角	分	千	百	十	万	千	百	十	元	角	分	
附件　　张	合　　计																						

附单据　张

财会主管：　　　　　记账：　　　　　出纳：　　　　　复核：　　　　　制单：

根据[业务 4.1]至[业务 4.7]填制"应交税费——应交消费税"明细账，如表 4.40 所示。

表 4.40

应交税费——应交消费税

总第　　页
分第　　页

| 年 | | 记账凭证号 | 摘　要 | 页数 | 借　方 | √ | 贷　方 | 借贷货 | 金　额 |
月	日								

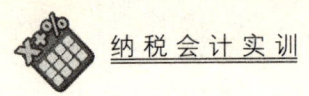

实训 4.2 消费税纳税申报

一、实训目标

(1) 能根据业务填制消费税的纳税申报表及其相关附表。
(2) 能进行消费税应纳税额的缴纳工作。

二、实训要求

根据实训资料的相关内容,填制消费税的纳税申报表及其相关附表。

三、操作程序

根据实训 4.1 经济业务原始凭证和账簿资料填制消费税纳税申报表。

四、实训资料

(1) 实训 4.1 经济业务原始凭证和账簿资料。
(2) 消费税纳税申报表如表 4.41 至表 4.43 所示。

表 4.41

烟类应税消费品消费税纳税申报表

税款所属期：　　　年　月　日至　　年　月　日

纳税人名称(公章)：　　　　　纳税人识别号：☐☐☐☐☐☐☐☐☐☐☐☐☐☐☐☐☐☐

填表日期：　年　月　日　　单位：卷烟万支、雪茄烟支、烟丝千克；金额单位：元(列至角分)

项　目 应税消费品名称	适用税率		销售数量	销售额	应纳税额
	定额税率	比例税率			
卷烟	30元/万支	36%			
卷烟	30元/万支	56%			
雪茄烟	—	25%			
烟丝	—	30%			
合计	—	—	—		

本期准予扣除税额： 本期减(免)税额： 期初未缴税额： 本期缴纳前期应纳税额： 本期预缴税额： 本期应补(退)税额： 期末未缴税额：	声明 　　此纳税申报表是根据国家税收法律的规定填报的，我确定它是真实的、可靠的、完整的。 　　经办人(签章)： 　　财务负责人(签章)： 　　联系电话： (如果你已委托代理人申报，请填写) 授权声明 　　为代理一切税务事宜，现授权_____(地址)_____为本纳税人的代理申报人，任何与本申报表有关的往来文件，都可寄予此人。 　　授权人签章：

以下由税务机关填写

受理人(签章)：　　　　受理日期：　　年　月　日　　　受理税务机关(章)：

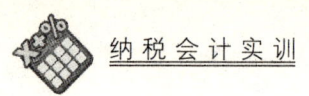

表 4. 42

酒及酒精消费税纳税申报表

税款所属期：　　　年　月　日至　　　年　月　日

纳税人名称(公章)：　　　　纳税人识别号：☐☐☐☐☐☐☐☐☐☐☐☐☐☐☐☐☐

填表日期：　年　月　日　　金额单位：元(列至角分)

项目　　应税消费品名称	适用税率		销售数量	销售额	应纳税额
	定额税率	比例税率			
粮食白酒	0.5 元/斤	20%			
薯类白酒	0.5 元/斤	20%			
啤酒	250 元/吨	—			
啤酒	220 元/吨	—			
黄酒	240 元/吨	—			
其他酒	—	10%			
酒精	—	5%			
合计	—	—	—	—	

本期准予抵减税额：	声明
本期减(免)税额：	此纳税申报表是根据国家税收法律的规定填报的,我确定它是真实的、可靠的、完整的。
期初未缴税额：	经办人(签章)： 财务负责人(签章)： 联系电话：
本期缴纳前期应纳税额：	
本期预缴税额：	(如果你已委托代理人申报,请填写) 授权声明 为代理一切税务事宜,现授权_____(地址)_____为本纳税人的代理申报人,任何与本申报表有关的往来文件,都可寄予此人。
本期应补(退)税额：	
期末未缴税额：	授权人签章：

以下由税务机关填写

受理人(签章)：　　　　受理日期：　　年　月　日　　　　受理税务机关(章)：

表 4.43

其他应税消费品消费税纳税申报表

税款所属期：　　　年　月　日至　年　月　日

纳税人名称(公章)：　　　　纳税人识别号：☐☐☐☐☐☐☐☐☐☐☐☐☐☐☐

填表日期：　年　月　日　　金额单位:元(列至角分)

项　目 应税消费品名称	适用税率	销售数量	销售额	应纳税额
合　计	—	—	—	

本期准予抵减税额：	**声明** 　　此纳税申报表是根据国家税收法律的规定填报的,我确定它是真实的、可靠的、完整的。
本期减(免)税额：	经办人(签章)： 　　财务负责人(签章)： 　　联系电话：
期初未缴税额：	
本期缴纳前期应纳税额：	(如果你已委托代理人申报,请填写) **授权声明**
本期预缴税额：	为代理一切税务事宜,现授权＿＿＿(地址)＿＿＿为本纳税人的代理申报人,任何与本申报表有关的往来文件,都可寄予此人。
本期应补(退)税额：	授权人签章：
期末未缴税额：	

以下由税务机关填写

受理人(签章)：　　　　受理日期：　年　月　日　　　　受理税务机关(章)：

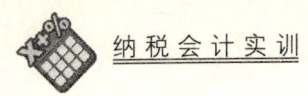 纳税会计实训

实 训 报 告 书

项目名称					
完成人姓名		专业		班级	

		1. 书写	A	优秀	B	良好	C	一般

总　结（收获）

评价	评价标准	1. 书写	A	优秀	B	良好	C	一般
		2. 知识点掌握情况	A	优秀	B	良好	C	一般
		3. 合作沟通	A	优秀	B	良好	C	一般
	成绩评定	自我评定						
		小组评定						
		教师评定						
		项目综合成绩						

项目五　企业所得税纳税实训

实训 5.1　企业所得税税额的计算

一、实训目标

(1) 能计算企业所得税的预缴税额。

(2) 能进行企业所得税应纳税所得额的纳税调整。

(3) 能正确计算企业所得税的应纳所得税税额。

二、实训要求

计算 2015 年度应缴纳的企业所得税税额。

三、操作程序

(1) 根据企业基本情况编写企业所得税纳税调整工作底稿(见表 5.2)。

(2) 填写企业所得税应纳税额计算表(见表 5.3)。

四、实训资料

企业名称:龙江家电设备制造有限公司

开户银行:工行黑龙江省分行开明学府路支行

账　　号:6202024709024588888

纳税人识别号:230112201222011

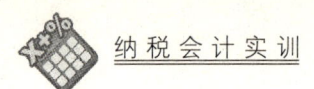

注册资本:5 000万元

企业类型:有限公司

经营范围:家电制造、销售

经营地址:黑龙江省开明市学府路800

电　　话:0416—87505678

龙江家电设备制造有限公司为增值税一般纳税人,2015年度在职员工500人。企业所得税按上一年度应纳税所得额平均数分季度预缴、年终汇算清缴的办法,公司2014年度应纳税所得额240万元。2015年收入成本费用汇总如表5.1所示。

表5.1

2015年收入成本费用汇总表

单位:元

收入项目	金额	费用项目	金额	税费项目	金额
主营业务收入	6 400 000	主营业务成本	450 000	增值税	120 000
销售货物收入	640 000	销售货物成本	450 000	营业税	200 000
其他业务收入	600 000	其他业务成本	400 000	城市维护建设税	14 000
材料销售收入	600 000	材料销售成本	400 000	教育费附加	6 000
投资收益	300 000	营业外支出	250 000	预缴企业所得税	450 000
营业外收入	100 000	捐赠支出	180 000		
处置固定资产净收益	100 000	罚款支出	70 000		
		管理费用	860 000		
		销售费用	200 000		
		财务费用	150 000		

其他资料:

(1)成本费用中包括全年的工资费用600 000元,职工福利费90 000元,工会经费10 000元(有专用工会收据),职工教育经费20 000元。

(2)当年国债利息收入为80 000元。

(3)全年发生业务招待费70 000元。

(4)全年发生广告费和业务宣传费150 000元。

(5)捐赠支出包括通过民政部门向贫困山区捐款800 000元。

(6)罚款支出包括税收滞纳金10 000元,银行借款罚息5 000元。

(7)管理费用中包括新产品研发费用200 000元。

表 5.2

企业所得税纳税调整工作底稿

序号	项目	计算过程	纳税调整增加额	纳税调整减少额

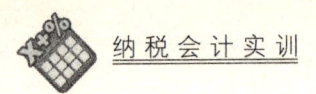

表5.3

企业所得税应纳税额计算表

单位:元(列至角分)

序号	项 目	金 额
1	会计利润总额	
2	纳税调整增加额	
3	纳税调整减少额	
4	应纳税所得额	
5	适用税率	
6	应交所得税	
7	预缴所得税	
8	应补(退)所得税额	

 **业务提示**

1. 工资、薪金支出的扣除标准

工资、薪金包括基本工资、奖金、津贴、补贴、年终加薪、加班工资,以及与员工任职或者受雇有关的其他支出。

企业发生的合理的工资薪金支出,准予扣除。

2. 职工工会经费、福利费、教育经费的扣除标准

$$扣除限额 = 工资薪金总额 \times (2\% + 14\% + 2.5\%)$$

企业发生的职工福利费支出,不超过工资、薪金总额14%的部分,准予扣除。

企业拨缴的职工工会经费,不超过工资、薪金总额2%的部分,凭工会组织开具的"工会经费收入专用收据"在企业所得税税前扣除。

企业发生的职工教育经费支出,不超过工资、薪金总额2.5%的部分,准予扣除;超过部分,准予在以后纳税年度结转扣除(软件生产企业职工教育经费可按实际发生额全额税前扣除)。

3. 业务招待费的扣除标准

企业实际发生的与生产经营活动有关的业务招待费支出,按照发生额的60%扣除,但最高不得超过当年销售(营业)收入的5‰。

4. 广告费和业务宣传费的扣除标准

企业发生的符合条件的广告费和业务宣传费支出,除国务院财政、税务主管部门另有规定外,不超过当年销售(营业)收入15%的部分,准予扣除;超过部分,准予在以后纳税年度结转扣除。

5. 捐赠的扣除标准

企业发生的公益性捐赠支出,不超过年度利润总额12%的部分,准予据实扣除。

公益性捐赠是指企业通过公益性社会团体或县级以上人民政府及其部门,用于下列公益事业的捐赠:救助灾害、救济贫困、扶助残疾人等困难的社会群体和个人的活动;教育、科学、文化、卫生、体育事业;环境保护、社会公共设施建设;促进社会发展和进步的其他社会公共和福利事业。

6. 国债

纳税人购买的国债在到期兑现时取得的利息收入,不计入应纳税所得额。

7. 三新开发费用加计扣除规定

企业开发新技术、新产品、新工艺发生的研究开发费用可以在计算应纳税所得额时加计扣除。

上述研究开发费用的加计扣除,是指企业为开发新技术、新产品、新工艺发生的研究开发费用,未形成无形资产计入当期损益的,在按照规定据实扣除的基础上,按照研究开发费用的50%加计扣除;形成无形资产的,按照无形资产成本的150%摊销。

8. 不得扣除项目

(1) 向投资者支付的股息、红利等权益性投资收益款项。

(2) 企业所得税税款。

(3) 税收滞纳金。

(4) 罚金、罚款和被没收财物的损失。

(5) 超过扣除标准的公益性捐赠以及非公益性的捐赠支出。

(6) 非广告性质赞助支出。

(7) 未经核准的准备金支出。

(8) 投资资产的成本。

(9) 企业之间的管理费。

(10) 与取得收入无关的其他支出。

实训5.2 企业所得税纳税申报

一、实训目标

(1) 能根据业务填制企业所得税预缴纳税申报表。

(2) 会填写企业所得税年度纳税申报表。

(3) 能办理企业所得税年度汇算清缴工作。

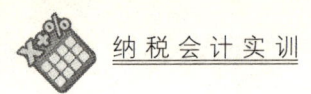

二、实训要求

根据实训 5.1 资料的相关内容,填制企业所得税月(季)预缴纳税申报表(A 类)、企业所得税年度纳税申报表(A 类)及相关附表等资料。

三、操作程序

(1) 根据上一年度应纳税所得额平均数计算,填写第四季度企业所得税月(季)预缴纳税申报表(A 类)。

(2) 根据公司收入、成本、费用等资料、企业所得税纳税调整工作底稿和企业所得税应纳税额计算表,填制企业所得税年度纳税申报表的相关附表。

(3) 根据相关附表填制企业所得税年度纳税申报表(A 类)。

四、实训资料

(1) 与实训 5.1 资料相同。

(2) 企业所得税月(季)度预缴纳税申报表(见表 5.4)、企业所得税纳税申报表封面(见表 5.5)、企业所得税年度纳税申报表(见表 5.6)、企业所得税年度纳税申报表(见表 5.7 至表 5.15)的相关附表。

表 5.4

中华人民共和国企业所得税月(季)度预缴纳税申报表(A 类,2015 年版)

税款所属期间: 年 月 日至 年 月 日

纳税人识别号:□□□□□□□□□□□□□□□□□□

纳税人名称: 金额单位:人民币元(列至角分)

行次	项　　目	本期金额	累计金额
1	一、按照实际利润额预缴		
2	营业收入		
3	营业成本		
4	利润总额		
5	加:特定业务计算的应纳税所得额		
6	减:不征税收入和税基减免应纳税所得额(请填附表 1)		
7	固定资产加速折旧(扣除)调减额(请填附表 2)		
8	弥补以前年度亏损		
9	实际利润额(4 行+5 行-6 行-7 行-8 行)		
10	税率(25%)		

（续表）

行次	项　　目	本期金额	累计金额
11	应纳所得税额（9行×10行）		
12	减：减免所得税额（请填附表3）		
13	实际已预缴所得税额	—	
14	特定业务预缴（征）所得税额		
15	应补（退）所得税额（11行－12行－13行－14行）		
16	减：以前年度多缴在本期抵缴所得税额		
17	本月（季）实际应补（退）所得税额	—	
18	二、按照上一纳税年度应纳税所得额平均额预缴		
19	上一纳税年度应纳税所得额	—	
20	本月（季）应纳税所得额（19行×1/4或1/12）		
21	税率（25%）		
22	本月（季）应纳税所得额（20行×21行）		
23	减：减免所得税额（请填附表3）		
24	本月（季）实际应纳所得税额（22行－23行）		
25	三、按照税务机关确定的其他方法预缴		
26	本月（季）税务机关确定的预缴所得税额		
27	总分机构纳税人		
28	总机构 总机构分摊所得税额（15行或24行或26行×总机构分摊预缴比例）		
29	财政集中分配所得税额		
30	分支机构分摊所得税额（15行或24行或26行×分支机构分摊比例）		
31	其中：总机构独立生产经营部门应分摊所得税额		
32	分支机构 分配比例		
33	分配所得税额		

是否属于小型微利企业：　　　　是 □　　　　　　否 □

谨声明：此纳税申报表是根据《中华人民共和国企业所得税法》《中华人民共和国企业所得税法实施条例》和国家有关税收规定填报的，是真实的、可靠的、完整的。

法定代表人（签字）：　　　　　年　月　日

纳税人公章： 会计主管： 填表日期：　　年月日	代理申报中介机构公章： 经办人： 经办人执业证件号码： 代理申报日期：　年月日	主管税务机关受理专用章： 受理人： 受理日期：　　年月日

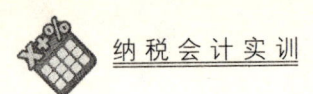

表5.5

中华人民共和国企业所得税年度纳税申报表

（A类，2015年版）

税款所属期间：　　年　月　日至　　年　月　日

纳税人识别号：□□□□□□□□□□□□□□□□□□

纳税人名称：

金额单位：人民币元（列至角分）

谨声明：此纳税申报表是根据《中华人民共和国企业所得税法》《中华人民共和国企业所得税法实施条例》、有关税收政策以及国家统一会计制度的规定填报的，是真实的、可靠的、完整的。

法定代表人（签章）：　　　　　　　　　年　　月　　日

纳税人公章： 会计主管： 填表日期：　年　月　日	代理申报中介机构公章： 经办人： 经办人执业证件号码： 代理申报日期：　年　　月　　日	主管税务机关受理专用章： 受理人： 受理日期：　年　　月

国家税务总局监制

表5.6

中华人民共和国企业所得税年度纳税申报表（A类）

行次	类别	项　　目	金　　额
1		一、营业收入（填写A101010\101020\103000）	
2		减：营业成本（填写A102010\102020\103000）	
3		营业税金及附加	
4		销售费用（填写A104000）	
5		管理费用（填写A104000）	
6		财务费用（填写A104000）	
7	利润总额计算	资产减值损失	
8		加：公允价值变动收益	
9		投资收益	
10		二、营业利润（1－2－3－4－5－6－7＋8＋9）	
11		加：营业外收入（填写A101010\101020\103000）	
12		减：营业外支出（填写A102010\102020\103000）	
13		三、利润总额（10＋11－12）	

（续表）

行次	类别	项　目	金　额
14	应纳税所得额计算	减:境外所得(填写 A108010)	
15		加:纳税调整增加额(填写 A105000)	
16		减:纳税调整减少额(填写 A105000)	
17		减:免税、减计收入及加计扣除(填写 A107010)	
18		加:境外应税所得抵减境内亏损(填写 A108000)	
19		四、纳税调整后所得(13-14+15-16-17+18)	
20		减:所得减免(填写 A107020)	
21		减:抵扣应纳税所得额(填写 A107050)	
22		减:弥补以前年度亏损(填写 A106000)	
23		三、应纳税所得额(19-20-21-22)	
24	应纳税额计算	税率(25%)	
25		六、应纳所得税额(23×24)	
26		减:减免所得税额(填写 A107040)	
27		减:抵免所得税额(填写 A107050)	
28		七、应纳税额(25-26-27)	
29		加:境外所得应纳所得税额(填写 A108000)	
30		减:境外所得抵免所得税额(填写 A108000)	
31		八、实际应纳所得税额(28-29-30)	
32		减:本年累计实际已预缴的所得税额	
33		九、本年应补(退)所得税额(31-32)	
34		其中:总机构分摊本年应补(退)所得税额(填写 A109000)	
35		财政集中分配本年应补(退)所得税额(填写 A109000)	
36		总机构主体生产经营部门分摊本年应补(退)所得税额(填写 A109000)	
37	附列资料	以前年度多缴的所得税额在本年度抵减额	
38		以前年度应缴未缴在本年入库所得税额	

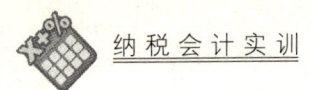
表5.7

一般企业收入明细表

行次	项　目	金　额
1	一、营业收入(2+9)	
2	(一)主营业务收入(3+5+6+7+8)	
3	1.销售商品收入	
4	其中:非货币性资产交换收入	
5	2.提供劳务收入	
6	3.建造合同收入	
7	4.让渡资产使用权收入	
8	5.其他	
9	(二)其他业务收入(10+12+13+14+15)	
10	1.销售材料收入	
11	其中:非货币性资产交换收入	
12	2.出租固定资产收入	
13	3.出租无形资产收入	
14	4.出租包装物和商品收入	
15	5.其他	
16	二、营业外收入(17+18+19+20+21+22+23+24+25+26)	
17	(一)非流动资产处置利得	
18	(二)非货币性资产交换利得	
19	(三)债务重组利得	
20	(四)政府补助利得	
21	(五)盘盈利得	
22	(六)捐赠利得	
23	(七)罚没利得	
24	(八)确实无法偿付的应付款项	
25	(九)汇兑收益	
26	(十)其他	

表5.8

一般企业成本支出明细表

行次	项　　目	金　　额
1	一、营业成本(2+9)	
2	（一）主营业务成本(3+5+6+7+8)	
3	1.销售商品成本	
4	其中:非货币性资产交换成本	
5	2.提供劳务成本	
6	3.建造合同成本	
7	4.让渡资产使用权成本	
8	5.其他	
9	（二）其他业务成本(10+12+13+14+15)	
10	1.材料销售成本	
11	其中:非货币性资产交换成本	
12	2.出租固定资产成本	
13	3.出租无形资产成本	
14	4.包装物出租成本	
15	5.其他	
16	二、营业外支出(17+18+19+20+21+22+23+24+25+26)	
17	（一）非流动资产处置损失	
18	（二）非货币性资产交换损失	
19	（三）债务重组损失	
20	（四）非常损失	
21	（五）捐赠支出	
22	（六）赞助支出	
23	（七）罚没支出	
24	（八）坏账损失	
25	（九）无法收回的债券股权投资损失	
26	（十）其他	

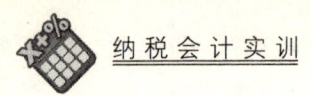

表5.9

期间费用明细表

行次	项 目	销售费用	其中:境外支付	管理费用	其中:境外支付	财务费用	其中:境外支付
		1	2	3	4	5	6
1	一、职工薪酬		＊		＊	＊	＊
2	二、劳务费					＊	＊
3	三、咨询顾问费					＊	＊
4	四、业务招待费		＊		＊		
5	五、广告费和业务宣传费		＊		＊	＊	＊
6	六、佣金和手续费						
7	七、资产折旧摊销费		＊		＊	＊	＊
8	八、财产损耗、盘亏及毁损损失		＊		＊	＊	＊
9	九、办公费		＊		＊	＊	＊
10	十、董事会费		＊		＊	＊	＊
11	十一、租赁费					＊	＊
12	十二、诉讼费		＊		＊	＊	＊
13	十三、差旅费		＊		＊	＊	＊
14	十四、保险费		＊		＊	＊	＊
15	十五、运输、仓储费					＊	＊
16	十六、修理费					＊	＊
17	十七、包装费		＊		＊	＊	＊
18	十八、技术转让费					＊	＊
19	十九、研究费用					＊	＊
20	二十、各项税费		＊		＊	＊	＊
21	二十一、利息收支	＊	＊	＊	＊		
22	二十二、汇兑差额	＊	＊	＊	＊		
23	二十三、现金折扣	＊	＊	＊	＊		＊
24	二十四、其他						
25	合计(1+2+3+…+24)						

表 5.10

纳税调整项目明细表

行次	项　　目	账载金额	税收金额	调增金额	调减金额
		1	2	3	4
1	一、收入类调整项目(2+3+4+5+6+7+8+10+11)	＊	＊		
2	(一)视同销售收入(填写 A105010)	＊			＊
3	(二)未按权责发生制原则确认的收入(填写 A105020)				
4	(三)投资收益(填写 A105030)				
5	(四)按权益法核算长期股权投资对初始投资成本调整确认收益	＊	＊	＊	
6	(五)交易性金融资产初始投资调整	＊	＊		＊
7	(六)公允价值变动净损益		＊		
8	(七)不征税收入	＊	＊		
9	其中:专项用途财政性资金(填写 A105040)	＊	＊		
10	(八)销售折扣、折让和退回				
11	(九)其他				
12	二、扣除类调整项目(13+14+15+16+17+18+19+20+21+22+23+24+26+27+28+29)	＊	＊		
13	(一)视同销售成本(填写 A105010)	＊		＊	
14	(二)职工薪酬(填写 A105050)				
15	(三)业务招待费支出				
16	(四)广告费和业务宣传费支出(填写 A105060)	＊	＊		
17	(五)捐赠支出(填写 A105070)				＊
18	(六)利息支出				
19	(七)罚金、罚款和被没收财物的损失		＊		＊
20	(八)税收滞纳金、加收利息		＊		＊
21	(九)赞助支出		＊		＊

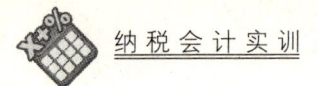

（续表）

行次	项　　目	账载金额	税收金额	调增金额	调减金额
		1	2	3	4
22	（十）与未实现融资收益相关在当期确认的财务费用				
23	（十一）佣金和手续费支出				＊
24	（十二）不征税收入用于支出所形成的费用	＊	＊		＊
25	其中：专项用途财政性资金用于支出所形成的费用（填写 A105040）	＊	＊		＊
26	（十三）跨期扣除项目				
27	（十四）与取得收入无关的支出		＊		＊
28	（十五）境外所得分摊的共同支出	＊	＊		＊
29	（十六）其他				
30	三、资产类调整项目（31＋32＋33＋34）	＊	＊		
31	（一）资产折旧、摊销（填写 A105080）				
32	（二）资产减值准备金		＊		
33	（三）资产损失（填写 A105090）				
34	（四）其他				
35	四、特殊事项调整项目（36＋37＋38＋39＋40）	＊	＊		
36	（一）企业重组（填写 A105100）				
37	（二）政策性搬迁（填写 A105110）	＊	＊		
38	（三）特殊行业准备金（填写 A105120）				
39	（四）房地产开发企业特定业务计算的纳税调整额（填写 A105010）	＊			
40	（五）其他	＊	＊		
41	五、特别纳税调整应税所得	＊	＊		
42	六、其他	＊	＊		
43	合计（1＋12＋30＋35＋41＋42）	＊	＊		

表 5.11

职工薪酬纳税调整明细表

行次	项　目	账载金额	税收规定扣除率	以前年度累计结转扣除额	税收金额	纳税调整金额	累计结转以后年度扣除额
		1	2	3	4	5(1−4)	6(1+3−4)
1	一、工资薪金支出		＊	＊			＊
2	其中:股权激励		＊	＊			＊
3	二、职工福利费支出			＊			＊
4	三、职工教育经费支出		＊				
5	其中:按税收规定比例扣除的职工教育经费						
6	按税收规定全额扣除的职工培训费用			＊			＊
7	四、工会经费支出			＊			＊
8	五、各类基本社会保障性缴款		＊	＊			＊
9	六、住房公积金		＊	＊			＊
10	七、补充养老保险			＊			＊
11	八、补充医疗保险			＊			＊
12	九、其他		＊				
13	合计(1+3+4+7+8+9+10+11+12)		＊				

表 5.12

广告费和业务宣传费跨年度纳税调整明细表

行次	项　目	金　额
1	一、本年广告费和业务宣传费支出	
2	减:不允许扣除的广告费和业务宣传费支出	
3	二、本年符合条件的广告费和业务宣传费支出(1−2)	
4	三、本年计算广告费和业务宣传费扣除限额的销售(营业)收入	
5	税收规定扣除率	
6	四、本企业计算的广告费和业务宣传费扣除限额(4×5)	
7	五、本年结转以后年度扣除额(3>6,本行=3−6;3≤6,本行=0)	
8	加:以前年度累计结转扣除额	
9	减:本年扣除的以前年度结转额[3>6,本行=0;3≤6,本行=8 或(6−3)孰小值]	
10	六、按照分摊协议归集至其他关联方的广告费和业务宣传费(10≤3 或 6 孰小值)	
11	按照分摊协议从其他关联方归集至本企业的广告费和业务宣传费	
12	七、本年广告费和业务宣传费支出纳税调整金额(3>6,本行=2+3−6+10−11;3≤6,本行=2+10−11−9)	
13	八、累计结转以后年度扣除额(7+8−9)	

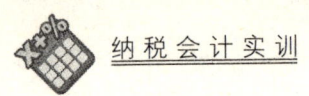

表 5.13

捐赠支出纳税调整明细表

行次	受赠单位名称	公益性捐赠				非公益性捐赠	纳税调整金额
		账载金额	按税收规定计算的扣除限额	税收金额	纳税调整金额	账载金额	
	1	2	3	4	5(2-4)	6	7(5+6)
1			＊	＊	＊		＊
2			＊	＊	＊		＊
3			＊	＊	＊		＊
4			＊	＊	＊		＊
5			＊	＊	＊		＊
6			＊	＊	＊		＊
7			＊	＊	＊		＊
8			＊	＊	＊		＊
9			＊	＊	＊		＊
10	合　计						

表 5.14

免税、减计收入及加计扣除优惠明细表

行次	项　目	金　额
1	一、免税收入(2+3+4+5)	
2	(一) 国债利息收入	
3	(二) 符合条件的居民企业之间的股息、红利等权益性投资收益(填写 A107011)	
4	(三) 符合条件的非营利组织的收入	
5	(四) 其他专项优惠(6+7+8+9+10+11+12+13+14)	
6	1. 中国清洁发展机制基金取得的收入	

行次	项　　目	金　额
7	2. 证券投资基金从证券市场取得的收入	
8	3. 证券投资基金投资者获得的分配收入	
9	4. 证券投资基金管理人运用基金买卖股票、债券的差价收入	
10	5. 取得的地方政府债券利息所得或收入	
11	6. 受灾地区企业取得的救灾和灾后恢复重建款项等收入	
12	7. 中国期货保证金监控中心有限责任公司取得的银行存款利息等收入	
13	8. 中国保险保障基金有限责任公司取得的保险保障基金等收入	
14	9. 其他	
15	二、减计收入(16＋17)	
16	（一）综合利用资源生产产品取得的收入（填写 A107012）	
17	（二）其他专项优惠(18＋19＋20)	
18	1. 金融、保险等机构取得的涉农利息、保费收入（填写 A107013）	
19	2. 取得的中国铁路建设债券利息收入	
20	3. 其他	
21	三、加计扣除(22＋23＋26)	
22	（一）开发新技术、新产品、新工艺发生的研究开发费用加计扣除（填写 A107014）	
23	（二）安置残疾人员及国家鼓励安置的其他就业人员所支付的工资加计扣除 (24＋25)	
24	1. 支付残疾人员工资加计扣除	
25	2. 国家鼓励的其他就业人员工资加计扣除	
26	（三）其他专项优惠	
27	合计(1＋15＋21)	

表 5.15

研发费用加计扣除优惠明细表

行次	研发项目	本年研发费用明细									减：作为不征税收入处理的财政性资金用于研发的部分	可加计扣除的研发费用合计	费用化部分		资本化部分				本年研发费用加计扣除额合计
		直接从事研发活动的本企业在职人员人力费用	直接消耗的材料、燃料和动力费用	专门用于研发活动的有关仪器、设备的折旧费或租赁费、运行维护费	专门用于研发活动的有关无形资产的摊销费用	中间试验和产品试制的模具、工艺装备开发及制造费、设备调整及检验费、样品、样机及一般测试手段购置费、试制产品的检验费	新药研制的临床试验费	勘探开发技术的现场试验费	研发成果的鉴定费用	本年度研发费用合计			计入本年损益的研发费用金额	本年费用化研发费用加计扣除额	本年形成无形资产的金额	本年形成无形资产本年加计摊销额	以前年度形成无形资产本年加计摊销额	无形资产本年加计摊销额合计	本年研发费用加计扣除额合计
	1	2	3	4	5	6	7	8	9	10(2+3+4+5+6+7+8+9)	11	12(10-11)	13	14(13×50%)	15	16	17	18(16+17)	19(14+18)
1																			
2																			
3																			
4																			
5																			
6																			
7																			
8																			
9																			
10 合计																			

实 训 报 告 书

项目名称					
完成人姓名		专业		班级	

<table>
<tr><td rowspan="8">总　结（收获）</td><td colspan="5"></td></tr>
</table>

评价	评价标准	1. 书写	A	优秀	B	良好	C	一般
		2. 知识点掌握情况	A	优秀	B	良好	C	一般
		3. 合作沟通	A	优秀	B	良好	C	一般
	成绩评定	自我评定						
		小组评定						
		教师评定						
		项目综合成绩						

项目六　个人所得税纳税实训

实训6.1　个人所得税税额的计算与核算

一、实训目标

（1）能根据个人的不同所得分类计算和扣缴个人所得税应纳税额。

（2）能汇总计算个人所得税全年的应纳税额。

二、实训要求

（1）根据实训资料逐项计算张丽华个人应缴纳的个人所得税税额。

（2）汇总计算张丽华本年度应缴纳的个人所得税税额。

三、操作程序

（1）计算张丽华1～12月工资、薪金所得应缴纳的个人所得税税额。

（2）计算张丽华稿酬所得应缴纳的个人所得税税额。

（3）计算张丽华董事费收入应缴纳的个人所得税税额。

（4）计算张丽华股息所得应缴纳的个人所得税税额。

（5）计算张丽华转让轿车所得应缴纳的个人所得税税额。

（6）编制个人所得税应纳税额计算表，计算张丽华2015年度应缴纳的个人所得税税额。

四、实训资料

姓名：张丽华

国籍：中国

身份证号码:230102197011241111

经常居住地:黑龙江开明市南京路45号

邮编:150001

电话:18712345678

受雇企业:龙江家电设备有限公司

张丽华2015年1~12月的收入情况如下所示。

(1) 每月工资和年终奖及扣缴的"三险一金"情况如表6.1所示。

表6.1

张丽华工资、薪金所得明细表

单位:元

月份	基本工资	岗位工资	伙食补助	季度奖金	应发工资	住房公积金	基本养老保险	基本医疗保险	失业保险	三险一金合计
1月	3 000	2 000	1 000		6 000	600	500	200	100	1 400
2月	3 000	2 000	1 000		6 000	600	500	200	100	1 400
3月	3 000	2 000	1 000	2 000	8 000	600	500	200	100	1 400
4月	3 000	2 000	1 000		6 000	600	500	200	100	1 400
5月	3 000	2 000	1 000		6 000	600	500	200	100	1 400
6月	3 000	2 000	1 000	2 000	8 000	600	500	200	100	1 400
7月	3 000	2 000	1 000		6 000	600	500	200	100	1 400
8月	3 000	2 000	1 000		6 000	600	500	200	100	1 400
9月	3 000	2 000	1 000	2 000	8 000	600	500	200	100	1 400
10月	3 000	2 000	1 000		6 000	600	500	200	100	1 400
11月	3 000	2 000	1 000		6 000	600	500	200	100	1 400
12月	3 000	2 000	1 000	2 000	8 000	600	500	200	100	1 400
年终奖金					24 000					

(2) 4月份出版一本书,取得稿酬10 000元。该书5~7月被某报纸连载,5月份取得稿费1 800元,6~7月份每月取得稿费1 000元。12月份张某将自己手稿的复印件拍卖,取得所得8 000元。

(3) 因在某上市公司董事会担任董事,6月份从该上市公司取得董事费收入15万元,并通过民政局向贫困地区捐赠了5万元。

(4) 因持有某上市公司股份,7月份取得上半年股息20 000元。

(5) 10月份转让自己拥有的一辆轿车,取得转让收入200 000元,转让过程中发生相关税费20 000元。该车购进价格为160 000元,购入时发生相关税费10 000元。

根据以上资料,填制张丽华2015年度应缴纳的个人所得税,如表6.2所示。

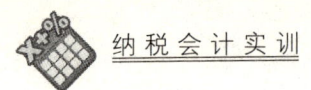

表 6.2

个人所得税应纳税额计算表

序号	所得项目	收入额	扣除额	应纳税所得额	税率	速算扣除数	应纳税额	已缴(扣)税金	应补(退)税额
合　　计									

 **业务提示**

1. 工资、薪金所得个人所得税规定

工资、薪金所得是指个人因任职或者受雇而取得的工资、薪金、奖金、年终加薪、劳动分

红、津贴、补贴以及与任职或者受雇有关的其他所得。

五险一金的扣除规定:按照国务院有关主管部门或省级人民政府规定的范围和标准缴纳的基本医疗保险费、基本养老保险费、失业保险费、工伤保险费、生育保险费等基本社会保险费和住房公积金,准予税前扣除。

2. 个人取得全年一次性奖金的个人所得

(1) 计征方式:单独作为一个月工资、薪金所得计征个人所得税。

(2) 计算方法及步骤:

① 当月工资、薪金所得≥税法规定的费用扣除额时:

找税率:当月取得的全年一次性奖金÷12,按其商数确定适用税率和速算扣除数

算税额:应纳税额 = 当月取得全年一次性奖金×适用税率－速算扣除数

② 当月工资、薪金所得＜税法规定的费用扣除额时:

找税率:(全年一次性奖金－雇员当月工资、薪金所得与费用扣除额的差额)÷12,
　　　　按其商数确定适用税率和速算扣除数

算税额:应纳税额 ＝(全年一次性奖金－雇员当月工资、薪金所得与费用扣除额的差额)
　　　　　　　　　　×适用税率－速算扣除数

(3) 全年一次性奖金适用条件:

① 年终加薪、实行年薪制和绩效工资办法的单位根据考核情况兑现的年薪和绩效工资均可按全年一次性奖金方法计税。

② 该方法一年纳税年度只能适用一次,即其他性质的奖金(如季度奖、半年奖)一律并入当月工资、薪金合并计税。

3. 稿酬的个人所得税计算

关于稿酬"次"的规定如下:

(1) 同一作品再版取得的所得,视为另一次稿酬所得。

(2) 同一作品先在报刊上连载,然后出版,或先出版,然后在报刊上连载,视为两次稿酬所得。

(3) 同一作品在报刊上连载取得收入,以连载完成后取得的所有收入合并为一次。

(4) 同一作品在出版发表时,以预付稿酬或分次支付稿酬的,视为一次所得。

(5) 同一作品出版发表后,因添加印数而追加稿酬的,应与原稿酬所得合并为一次。

4. 特许权使用费所得

特许权使用费所得是指个人提供专利权、商标权、著作权、非专利技术以及其他特许权的使用权取得的所得;提供著作权的使用权取得的所得,不包括稿酬所得。

5. 不在公司任职的董事费、监事费所得

不在公司任职的董事费、监事费所得按"劳务报酬所得"计税。其基本税率为20%,一次收入畸高的加成征收,相当三级超额累进。

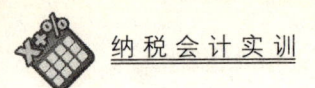

6. 个人对公益事业捐赠的税前扣除

(1) 直接捐赠不得扣除。

(2) 通过社会公益机构的间接捐赠,不超过应纳税所得额 30% 的部分,允许扣除。

7. 财产转让所得的个人所得

$$应纳税额 = 应纳税所得额 \times 适用税率$$
$$= (收入总额 - 财产原值 - 合理费用) \times 20\%$$

其中,财产原值按以下规定确定:

(1) 有价证券,为买入价以及买入时按照规定缴纳的有关费用。

(2) 建筑物,为建造费或者购进价格以及其他有关费用。

(3) 土地使用权,为取得土地使用权所支付的金额、开发土地的费用以及其他有关费用。

(4) 机器设备、车船,为购进价格、运输费、安装费以及其他有关费用。

(5) 其他财产原值,参照以上四项规定确定。

实训 6.2 个人所得税纳税申报

一、实训目标

会办理个人所得税的扣缴申报工作。

二、实训要求

根据实训 6.1 资料的相关内容,填制《个人所得税基础信息表》和《扣缴个人所得税报告表》。

三、操作程序

(1) 填写《个人所得税基础信息表》(A 表)(见表 6-3)。

(2) 填写《扣缴个人所得税报告表》。

四、实训资料

(1) 与实训 6.1 的资料相同。

(2) 《个人所得税基础信息表》(见表 6-3)和《扣缴个人所得税报告》(见表 6-4)。

表6.4

扣缴个人所得税报告表

税款所属期: 　　年　月　日至　年　月　日

扣缴义务人名称:

扣缴义务人编码:

扣缴义务人所属行业: 一般行业　特定行业　月份申报

金额单位: 人民币元(列至角分)

序号	姓名	身份证件类型	身份证件号码	所得项目	所得期间	收入额	免税所得	税前扣除项目								减除费用	准予扣除的捐赠额	应纳税所得额	税率%	速算扣除数	应纳税额	减免税额	应扣缴税额	已扣缴税额	应补(退)税额	备注
								基本养老保险费	基本医疗保险费	失业保险费	住房公积金	财产原值	允许扣除的税费	其他	合计											
1	2	3	4	5	6	7	8	9	10	11	12	13	14	15	16	17	18	19	20	21	22	23	24	25	26	
1																										
合计																										

谨声明: 此扣缴报告表是根据《中华人民共和国个人所得税法》及其实施条例和国家有关税收法律法规规定填写的,是真实的、完整的、可靠的。

法定代表人(负责人)签字:

扣缴义务人公章:

经办人:

填表日期: 　　年　月　日

代理机构(人)签章:

经办人:

经办人执业证件号码:

代理申报日期: 　　年　月　日

主管税务机关受理专用章:

受理人:

受理日期: 　　年　月　日

实训报告书

项目名称					
完成人姓名		专业		班级	

总 结（收获）							

评 价	评价标准	1. 书写	A	优秀	B	良好	C	一般
		2. 知识点掌握情况	A	优秀	B	良好	C	一般
		3. 合作沟通	A	优秀	B	良好	C	一般
	成绩评定	自我评定						
		小组评定						
		教师评定						
		项目综合成绩						

项目七　其他税种纳税实训

实训 7.1　城市维护建设税及教育费附加计算与申报

一、实训目标

(1) 能按月计算城市维护建设税及教育费附加金额。
(2) 会办理城市维护建设税及教育费附加的纳税申报。

二、实训要求

根据实训资料的相关内容,填制城市维护建设税及教育费附加的纳税申报表。

三、操作程序

(1) 填写城市维护建设税及教育费附加计算表。
(2) 填制城市维护建设税及教育费附加的纳税申报表。

四、实训资料

龙江家电设备制造有限公司是一家家电制造企业,为增值税一般纳税人。

开户银行:工行黑龙江省分行开明学府路支行

账　　　号:6202024709024588888

纳税人识别号:230112201222011

主管国税机关:开明市国家税务局

主管地税机关:开明市地方税务局

经营地址:黑龙江省开明市学府路 800

电　　话:0416-87505678

公司 2015 年 10 月共缴纳增值税 60 000 元,营业税 40 000 元,消费税 50 000 元。

根据以上资料填制龙江家电设备制造有限公司城市维护建设税及教育费附加的纳税申报表,如表7.1至表7.3所示。

表7.1

城市维护建设税及教育费附加计算表

单位:元

项　目	计税依据			税率（征收率）	应交税（费）金额
	增值税	消费税	营业税		
城市维护建设税					
教育费附加					
地方教育费附加					
合　计					

 **业务提示**

城市维护建设税的计税依据是纳税人实际缴纳的增值税、消费税、营业税税额,包括被查补的上述三项税额,但不包括加收的滞纳金和罚款等非税款项。

表7.2

城市维护建设税申报表

（适用于增值税、消费税、营业税纳税人）

填表日期　年　月　日

纳税人识别号:

纳税人名称:

申报所属期起:

申报所属期止:　　　　　　　　　　　　　　　　　　单位:元(列至角分)

税（费）种	计税（费）依据			税（费）率	应纳税（费）额	减免税（费）额	应缴纳税（费）额
	增值税税额	消费税税额	营业税税额				
1	2	3	4	5	6＝(2＋3＋4)×5	7	8＝6－7
城市维护建设税							

如纳税人填报,由纳税人填写以下各栏		如委托税务代理机构填报,由税务代理机构填写以下各栏	
会计主管(签章)	经办人(签章)	税务代理机构名称	税务代理机构(公章)
		税务代理机构地址	
		代理人(签章)	
申报声明	此纳税申报表是根据国家税收法律的规定填报的,我确信它是真实的、可靠的、完整的。 申明人: 法定代表人(负责人)签字或盖章: (公章)	以下由税务机关填写	
		受理日期	受理人
		审核日期	审核人
		审核记录	

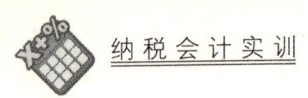

表 7.3

教育费附加(地方教育费附加)申报表

（适用于增值税、消费税、营业税纳税人）

填表日期　年　月　日

纳税人识别号：

纳税人名称：　　　　　　　　　　　　　　　　　　　　　　　　单位:元(列至角分)

税(费)种	计税(费)依据			(费)款所属期	税(费)率	应纳税(费)额	减免税(费)额	应缴纳税(费)额
	实际缴纳增值税税额	实际缴纳消费税额	实际缴纳营业税额					
1	2	3	4	5	6	7=(2+3+4)×6	8	9=7-8
教育费附加								
地方教育费附加								
合　计	—							

如纳税人填报,由纳税人填写以下各栏		如委托税务代理机构填报,由税务代理机构填写以下各栏		
会计主管(签章)	经办人(签章)	税务代理机构名称		税务代理机构(公章)
		税务代理机构地址		
		代理人(签章)		
申报声明	此纳税申报表是根据国家税收法律的规定填报的,我确信它是真实的、可靠的、完整的。申明人: 法定代表人(负责人)签字或盖章: (公章)	以下由税务机关填写		
		受理日期		受理人
		审核日期		审核人
		审核记录		

实训 7.2　印花税计算与申报

一、实训目标

（1）能计算印花税金额。

（2）会办理印花税的纳税申报。

二、实训要求

根据实训资料的相关内容,计算印花税应纳税额,填制印花税的纳税申报表。

三、操作程序

（1）计算印花税应纳税额。

（2）填制印花税纳税申报表。

四、实训资料

立森公司 2015 年 6 月开业。该公司 6 月份发生如下交易或事项：领受工商营业执照正副本各 1 件，税务登记证国税、地税正副本各 1 件，房屋产权证 1 件，商标注册证 2 件；实收资本 5 000 000 元，除记载资金的账簿外，还有 6 本营业账簿；签订财产保险合同 1 份，投保金额 3 000 000 元，缴纳保险费 50 000 元；签订货物买卖合同 1 份，所载金额为 500 000 元。

根据以上资料填制立森公司印花税纳税申报表，如表 7.4 至表 7.6 所示。

表 7.4

印花税应纳税额计算表

单位:元

序号	税目	件数	计税金额	适用税率	应纳税额
合　计					

业务提示

现行印花税采用比例税率和定额税率两种形式。印花税税率表如表 7.5 所示。

表 7.5

印花税税率表

税　目	税　率
借款合同	0.05‰
购销合同、建筑安装工程承包合同、技术合同	0.3‰
加工承揽合同、建设工程勘察设计合同、货物运输合同、产权转移书据、记载资金的营业账簿	0.5‰
财产租赁合同、仓储保管合同、财产保险合同	1‰
股权转让书据	1‰
权利许可证照、其他营业账簿	每件 5 元

权利许可证照是指政府管理机关登记注册的动产和不动产的所有权转移所立的书据，包括政府部门发给的房屋产权证、工商营业执照、商标注册证、专利证、土地使用证等以及企业股权转让所立的书据。

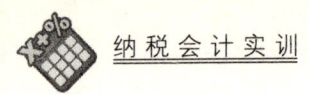

表7.6

印花税纳税申报表

税款所属期限:自 年 月 日至 年 月 日 填报日期: 年 月 日 金额单位:元至角分

纳税人识别号 □□□□□□□□□□□□□□□□□

纳税人信息	名称					□单位	□个人		
	登记注册类型			所属行业					
	身份证件类型			身份证件号码					
	联系方式								
应税凭证	计税金额或件数	核定征收		适用税率	本期应纳税额	本期已缴税额	本期减免税额		本期应补（退）税额
		核定依据	核定比例				减免性质代码	减免额	
	1	2	3	4	5＝1×4＋2×3×4	6	7	8	9＝5－6－8
购销合同				0.3‰					
加工承揽合同				0.5‰					
建设工程勘察设计合同				0.5‰					
建筑安装工程承包合同				0.3‰					
财产租赁合同				1‰					
货物运输合同				0.5‰					
仓储保管合同				1‰					
借款合同				0.05‰					
财产保险合同				1‰					
技术合同				0.3‰					
产权转移书据				0.5‰					
营业账簿（记载资金的账簿）		—		0.5‰					
营业账簿（其他账簿）		—		5					
权利、许可证照		—		5					
合计		—	—						
以下由纳税人填写:									
纳税人声明	此纳税申报表是根据《中华人民共和国印花税暂行条例》和国家有关税收规定填报的,是真实的、可靠的、完整的。								
纳税人签章		代理人签章			代理人身份证号				
以下由税务机关填写:									
受理人		受理日期	年 月 日		受理税务机关签章				

本表一式两份,一份纳税人留存,一份税务机关留存。

减免性质代码:减免性质代码按照税务机关最新制发的减免税政策代码表中的最细项减免性质代码填报。

实训 7.3　城镇土地使用税计算与申报

一、实训目标

(1) 能根据土地的不同用途正确计算城镇土地使用税金额。

(2) 会办理城镇土地使用税的纳税申报。

二、实训要求

根据实训资料的相关内容,填制城镇土地使用税的纳税申报表。

三、操作程序

(1) 计算城镇土地使用税税额。

(2) 填制城镇土地使用税纳税申报表。

四、实训资料

企业名称:龙江家电设备制造有限公司

开户银行:工行黑龙江省分行开明学府路支行

账　　号:6202024709024588888

纳税人识别号:2301122012222011

经营地址:黑龙江省开明市学府路 800 号

占地面积:14 000 平方米(包括一所职工小学占地 5 000 平方米)

单位税额:5 元/平方米

根据以上资料,填制龙江家电设备制造有限公司城镇土地使用税纳税申报表,如表 7.7 所示。

表7.7

城镇土地使用税纳税申报表

税款所属期：自 年 月 日至 年 月 日

填表日期：年 月 日

金额单位：元至角分
面积单位：平方米

纳税人识别号 □□□□□□□□□□□□□□

纳税人 信息	名称				登记注册类型		*					纳税人分类	所属行业				单位□ 个人□	
	身份证件类型				身份证□ 护照□ 其他□								身份证件号码			*		
	联系人												联系方式					
申报纳税 信息	土地编号	宗地的地号	土地等级	税额标准	土地总面积		所属期起	所属期止	本期应纳税额		本期减免税额		本期免税额		本期已缴税额		本期应补（退） 税额	
	*																	
	*																	
	*																	
	*																	
	*																	
	合计			*				*							*			

以下由纳税人填写：

纳税人声明	此纳税申报表是根据《中华人民共和国城镇土地使用税暂行条例》和国家有关税收规定填报的，是真实的、可靠的、完整的。	
纳税人签章		代理人签章	代理人身份证号

以下由税务机关填写：

受理人		受理日期	年 月 日	受理税务机关章

本表一式两份，一份纳税人留存，一份税务机关留存。

业务提示

企业办的学校、医院、托儿所、幼儿园,其用地能与企业其他用地明确区分的,可以比照由国家财政部门拨付事业经费的单位自用地土地、免征土地使用税。

实训 7.4　房产税计算与申报

一、实训目标

(1) 能根据土地的不同用途正确计算房产税金额。
(2) 会办理房产税的纳税申报。

二、实训要求

根据实训资料的相关内容,填制房产税的纳税申报表。

三、操作程序

(1) 计算房产税税额。
(2) 填制房产税纳税申报表。

四、实训资料

企业名称:龙江家电设备制造有限公司
开户银行:工行黑龙江省分行开明学府路支行
账　　号:6202024709024588888;
纳税人识别号:230112201222011
经营地址:黑龙江省开明市学府路 800 号

截至 2014 年年末,公司房产账面原值 9 000 万元(房产余值扣除比例为 30%),自用房屋房产原值 6 000 万元,3 月 10 日将原值 3 000 万元的房产出租,租期 2 年,每月租金 12 万元。

根据以上资料填制龙江家电设备制造有限公司房产税纳税申报表,如表 7.8 和表 7.9 所示。

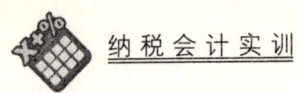

表 7.8

房产税应纳税额计算表

单位:元

序号	房产原值	按房产余值计征				按租金收入计征		
		扣除率	房产余值	税率	应纳税额	租金收入	税率	应纳税额
合 计								

 **业务提示**

房产税采用比例税率,分别按从价计征和从租计征设置了两种税率:

(1) 从价计征的税率为 1.2%。

(2) 从租计征的税率为 12%。

对个人按市场价格出租的居民住房,其应缴纳的房产税暂减按 4% 的税率征收。

表 7.9

房产税纳税申报表

税款所属期：自　　年　月　日至　　年　月　日　　　　填表日期：　年　月　日

纳税人识别号 □□□□□□□□□□□□□□□

金额单位：元至角分
面积单位：平方米

纳税人信息	名称			纳税人分类	单位□　个人□
	登记注册类型			所属行业	
	身份证件类型	身份证□　护照□　其他□		身份证件号码	*
	联系人			联系方式	

一、从价计征房产税

房产编号	房产原值	其中：出租房产原值	计税比例	税率	所属期起	所属期止	本期应纳税额	本期减免税额	本期已缴税额	本期应补（退）税额
1	*									
2	*									
3	*									
4	*									
5	*									
6	*									
7	*									
8	*									
9	*									
10	*									
合计	*	*	*	*	*	*				

二、从租计征房产税

	本期申报租金收入	税率	本期应纳税额	本期减免税额	本期已缴税额	本期应补（退）税额
1						
2						
3						
合计	*	*				

以下由纳税人填写：

纳税人声明	此纳税申报表是根据《中华人民共和国房产税暂行条例》和国家有关税收规定填报的，是真实的、可靠的、完整的。	
纳税人签章	代理人签章	代理人身份证号

以下由税务机关填写：

受理人	受理日期	年　月　日	受理税务机关签章

本表一式两份，一份纳税人留存，一份税务机关留存。

实 训 报 告 书

项目名称						
完成人姓名		专业		班级		

总 结（收获）	

评价	评价标准	1. 书写	A	优秀	B	良好	C	一般
		2. 知识点掌握情况	A	优秀	B	良好	C	一般
		3. 合作沟通	A	优秀	B	良好	C	一般
	成绩评定	自我评定						
		小组评定						
		教师评定						
		项目综合成绩						

实 训 鉴 定 书

专业、班级		姓名		实训成绩	

评 语	

考 核 点	考核 比例	评价标准			
		A	B	C	D
实训出勤率、学习态度、敬业精神、团队 协作精神、安全规定执行等方面的情况	20%				
课程标准规定的能力指标	60%				
项目情况陈述清楚;回答问题正确;实训 报告书规范、合理等	10%				
有独立分析、解决问题的能力;合理化建 议被采纳;实训成果有创新等	10%				

指导教师: 专业(团队)带头人: 评价时间: 年 月 日